강학중박사의
가족 수업

행복한 가족을 만드는 부부와 부모 되기
강학중 박사의 가족 수업

1판 1쇄 발행 2010. 5. 17.
1판 15쇄 발행 2016. 12. 11.

지은이 강학중

발행인 김강유
발행처 김영사
등록 1979년 5월 17일 (제406-2003-036호)
주소 경기도 파주시 문발로 197(문발동) 우편번호 10881
전화 마케팅부 031)955-3100, 편집부 031)955-3250
팩스 031)955-3111

저작권자 ⓒ 강학중, 2010
이 책은 저작권법에 의해 보호를 받는 저작물이므로
저자와 출판사의 허락 없이 내용의 일부를 인용하거나 발췌하는 것을 금합니다.

값은 뒤표지에 있습니다. ISBN 978-89-349-3957-3 13810

독자 의견 전화 031)955-3200
홈페이지 www.gimmyoung.com 카페 cafe.naver.com/gimmyoung
페이스북 facebook.com/gybooks 이메일 bestbook@gimmyoung.com

좋은 독자가 좋은 책을 만듭니다.
김영사는 독자 여러분의 의견에 항상 귀 기울이고 있습니다.

"지긋지긋한 집구석을 즐거운 우리집으로!"

대한민국 최초
가정경영전문가
강학중 박사가
모든 부부에게 전하는
가족을 위한 행복의 기술

행복한 가족을 만드는 부부와 부모되기

강학중박사의

가족 수업

강학중 지음

김영사

프 롤 로 그

'가족'을 알아야 행복한 가족을 만들 수 있다

"단돈 만 원으로 여러분의 가족이 불행해지는 것을 예방해 주는 보험이 있다면 가입 안 하시겠어요?"

이런 마음으로 이 책을 썼습니다. 그동안 가정경영연구소와 방송을 통해 문제를 호소하는 많은 가족들을 보며 '조금만 일찍 '가족'에 대해 공부하고 준비했더라면 저런 상황은 안 되었을 텐데' 하는 생각을 하곤 했습니다. 많은 사람들이 노력은 하지 않고 행복한 가정을 꿈꾸기만 합니다. 그러나 행복한 가정은 '저절로' 얻어지는 것이 결코 아닙니다. 절대 포기하지 말고 끊임없이 인내하고 노력해야만 얻을 수 있는 것이 행복한 가정입니다.

이 책은 행복한 가정을 만들고 지키고 싶지만 그 방법을 몰라 고민하는 분들을 위한 것입니다. '결혼식' 준비에 경황이 없어 정작 중요한 '결혼 생활' 준비에는 소홀한 신혼부부, 물질적으로는 남부러울 것 없이 사는데도 가족 문제로 가슴앓이를 하느라 얼굴이 늘 어두운 아내, 가족을 먹여 살리기 위해 앞만 보고 달리다 조직에서 밀려나고 가족들에게도 외면당하며 눈물짓는 남편 등, 이 땅의 모든 부부들에게 가족을 위한 핵심적이며 실질적인 행복의 기술을 전할 것입니다.

   이 책은 모두 4장으로 구성되어 있습니다. 1장에서는 우리가 가족에 대해 알아야 할 것들을 짚어봅니다. 왜 가족을 공부해야 하는지, 행복한 가족의 공통점은 무엇인지, 부부가 되기 전에, 부모가 되기 전에 갖추어야 할 자격은 무엇인지 등, 행복한 가족이 되기 위한 준비에 대하여 살펴봅니다. 1장이 '가족'을 공부하는 장이었다면 2~4장은 가족 관계를 변화시키기 위한 실질적인 기술을 전달하는 장입니다. 먼저 2장에서는 가족 간의 대화의 기술을 살펴보는데 3장의 부부 사랑의 기술보다, 4장의 자녀 양육의 방법보다 대화의 기술을 먼저 이야기하는 데에는 이유가 있습니다. 가족 간에 어떻게 대화를 나누느냐가 그 가족 관계를 변화시키는 핵심이기 때문입니다. 무의식적으로 부부 간에 썼던 비난이나 경멸, 비교형의 말을 관찰·느낌·욕구·부탁의 4단계 대화법으로만 바꾸어도, 잔소리 대신 자녀의 말을 진심으로 경청만 해주어도 가족 관계에 놀라운 변화가 생길 것입니다.
   3장은 가정의 기둥이요 중심이며, 자녀에겐 모델이 되는 부부 관계를 점검해보는 장입니다. 대화가 되려면 화목한 부부 관계부터 구축해야 하는데, 요즘 대부분의 가정은 모든 것이 자녀 교육을 중심으로 돌아가는 경향이 있습니다. 행복한 가정에서 가장 중요한 건 부부 관계라는 본질은 망각한 채 사상누각을 짓고 있는 것이지요. 하지만 부부 관계에 투자하지 않으면 자식 농사도 성공하기 어렵습니다. 가르치지 않아도 자식은 부모를 보고 배운다는 것을 기억한다면 부부가 가정 내에서 어떤 관계를 형성하며 살아가야 하는지 답을 얻을 수 있을 것입니다. 나아가 4장에서는 자식을 잘 키운다는 것이 과연 어떤 것인지 묻고 있습니다. 당장 영어 성적을 어떻게 올리고 특목고나 일류대에 보내려면 어떻게 해야 할 것인가가 아니라, 내 자식이 정말 행복하게 살기를 원한다면 어떻게 키우고 어떻게 가르쳐야 할지를 함께 고민해보자는 것입니다. 수능 점수 몇 점 더 올리는 것도 중요하지만 자녀의 20년 뒤, 30년 후, 먼 미래를 내다본다면 오늘 부모가 해야 할 일은 과외비 한 푼 더 버는 것이 아닐 수도 있습니다.

가족의 행복을 위해 어떻게 해야 하느냐고 묻는 분들께 저는 항상 "이제 '어떻게'라는 질문은 그만 하시고 알고 계신 것을 지금이라도 당장 실천하십시오."라고 대답하곤 합니다. 이 책에는 여러분이 시도해 볼만한 다양한 지침이 담겨 있습니다. 그것을 지금 당장 실천하시기 바랍니다. 가족의 행복은 경제적 안정이나 사회적 성공을 위해 미뤄둘 수 있는 것이 아닙니다. 진정으로 가족을 사랑한다면 바로 오늘, 가족의 기쁨과 웃음을 위해 다른 것을 양보할 준비가 되어 있어야 합니다. 가족의 행복이야말로 나의 행복이며 진정한 성공으로 가는 지름길이기 때문입니다. 이 한 권의 책이 그 계기가 된다면 제게도 더없이 큰 기쁨이 될 것입니다.

한때 출판사의 대표로서 다른 사람들의 책을 많이 내봤지만 책 한 권을 쓰는 것이 이렇게 힘든 일인 줄은 정확하게 몰랐습니다. 가족의 희생과 믿음이 있었기에 가능한 작업이었습니다. 이 책의 집필을 포함해 지난 29년 동안 한결같이 제 옆에서 저를 챙겨주고 참으며 기다려준 아내에게 감사한 마음을 전합니다. 많은 분들이 '가정경영연구소장하고 사는 아내는 얼마나 좋을까' 라고 말씀하지만 오히려 아내야말로 저를 채워주는 최고의 동반자입니다. 그리고 오늘의 저를 있게 해주신 어머님께도 감사한 마음을 전합니다. 자식이 삶의 전부였던 어머님이 안 계셨더라면 오늘의 저도 없었고 '가정경영연구소'도 없었을 것입니다. 부끄럽지 않은 아버지가 되도록 저를 자극하며 반듯하게 커준 우리 시내와 바다에게도 사랑을 전합니다. 부족한 동생을 많이 끌어주고 애정 어린 눈으로 지켜봐주신 형님들께도 감사드립니다. 또한 이 책이 나오기까지 인내하며 기다려주신 김영사 박은주 사장님께도 감사의 말씀을 전합니다. 앞으로도 '가족'을 평생의 화두로 삼고, 제가 가르치며 주장한 대로 열심히 살아가는 모습으로 보답하겠습니다.

2010년 5월 찬란한 봄,

강학중

★ 차 례

프롤로그 '가족'을 알아야 행복한 가족을 만들 수 있다 · · · 4

1장. 우리가 알아야 할 '가족'의 모든 것

두 얼굴의 '가족' · · · 17
즐거운 우리 집, 또는 지긋지긋한 집구석 | 행복한 가정은 '공짜'로 주어지는 게 아니다 | '함께' 이룬 가정, 행복 역시 '함께' 가꾸어나가야

행복한 가족의 7가지 공통점 · · · 25
행복한 가족의 공통점 1- 매일매일 감사와 사랑을 표현한다 | 행복한 가족의 공통점 2- 문제 해결 능력이 있다 | 행복한 가족의 공통점 3- 대화를 많이 하고 말이 통한다 | 행복한 가족의 공통점 4- 함께하는 시간을 즐긴다 | 행복한 가족의 공통점 5- 서로에게 헌신한다 | 행복한 가족의 공통점 6- 가족 공동의 가치관이 있다 | 행복한 가족의 공통점 7- 웃음이 넘친다 | '인스턴트' 행복과 '진짜' 행복

가정에도 경영 마인드가 필요하다 · · · 40
왜 가정경영이 필요할까? | 가정경영과 기업경영의 공통점 | 가정경영의 출발점은 목표 세우기 | 가족 목표 수립의 원칙

'가족'에 대해 공부하라 · · · 48
가족생활 주기마다 풀어야 할 숙제가 다르다 | 우리가 '가족'을 공부해야 하는 이유 | '가족', 어떻게 공부할까?

가족 혁명, 남편이 만든다 · · · 59
직장 잃은 남자들이 가족에게 외면받는 이유 | 철든 남편들, 가족과 함께하는 즐거움을 먼저 챙긴다 | 상황이 껄끄러울수록 남편이 먼저 손을 내밀어라 | '일'과 '가족'의 균형 맞추기 | 집에 갖고 갈 에너지는 남겨라

가족의 행복, 치료가 아니라 예방이다 · · · 69
예고편 속에 숨어 있는 예방책 | 문제 해결의 결정적 시기를 놓치지 마라 | 건강검진이 건강할 때 필요하듯 가족 문제도 마찬가지

가족을 지켜주는 상담의 힘 · · · 77
가족 문제의 해결사가 필요한 순간 | 상담을 창피하게 생각하지 마라

차례

2장. 가족의 행복을 만드는 대화법

왜 가장 가까운 가족끼리 말이 안 통할까? · · · 87
가족끼리는 대화로 풀지 못할 문제가 없다 | 가족의 대화를 방해하는 것들 | 가족 대화의 시간, '일부러' 만들어라 | 대화의 전제 조건은 '차이점 인정하기'와 '친밀감 쌓기' | 대화, 준비하고 시작하라

진심으로 들어주면 통한다 · · · 100
관심이 귀를 열어준다 | 대화의 열쇠는 집중과 공감 | 내려놓고 또 내려놓기 | 왜 화가 난 것일까? | 받아들일 수 없는 일은 분명하게 "No!" | 경청의 놀라운 힘

말하기를 다시 배워라 · · · 112
싸움을 만드는 말, 변화를 이끄는 말 | 관찰-느낌-욕구-부탁, 비폭력 대화 모델 4단계 | 칭찬과 격려는 변화를 이끄는 힘 | 대화의 기술, 연습을 통해 단련하라

분란을 일으키지 않고 나를 주장하는 7가지 법칙 · · · 123
변화를 예고하여 상대가 준비할 수 있게 한다 | 상대의 의도를 분명하게 확인하는 과정을 거친다 | 상대방의 눈을 보면서 이야기한다 | 요점만 간단하고 분명하게 얘기한다 | 받아들일 수 없는 부탁은 단호하게 거절한다 | 상대방의 부탁을 조건부로 수락한다 | 반격에 대비한 대응 방법을 미리 연습한다

가족을 위한 다양한 대화의 기술 · · · 132

부부 싸움을 막아주는 부부 회담 | 10분간 쓰고 10분간 이야기하는 10&10 | 몸뿐만 아니라 마음까지 튼튼하게 만드는 가족 식사 대화 | 칭찬으로 힘을 주는 칭찬 회의 | 무조건 긍정적인 이야기로 시작하는 '첫 마디 법칙' | 정확한 이해를 위한 '척도 질문' | 질문의 놀라운 힘 | 인지적 친밀감을 높이는 가족 퀴즈 대회 | 문자 메시지, 이메일, 쪽지 등 다양한 수단

3장. 가족을 위한 부부 사랑의 기술

바람직한 부부 문화를 만드는 5가지 요소 · · · 147

부부, 영원한 친구 또는 '웬수' | 바람직한 부부 문화를 만드는 요소 1 – 배우자를 있는 그대로 존중하는 마음 | 바람직한 부부 문화를 만드는 요소 2 – 배우자를 위해 매일 행동하는 실천력 | 바람직한 부부 문화를 만드는 요소 3 – 배우자에 대한 절대적 믿음 지키기 | 바람직한 부부 문화를 만드는 요소 4 – 부부의 팀워크 | 바람직한 부부 문화를 만드는 요소 5 – 이혼은 절대 안 된다는 정신 | 부부가 가족의 행복을 결정한다

가족생활 주기에 따라 달라지는 부부의 역할 · · · 163

가족 형성기 – 부부의 체계를 확고하게 구축하라 | 자녀 출산 및 양육기 – 아이를 함께 양육하되 부부 관계의 중심을 잃지 마라 | 자녀 교육기 – 부부 노선을 통일하고 일관성 있게 지도하라 | 중년기 – 자녀와의 관계를 전환하고 배우자와 함께할 미래를 설계하라 | 아주 사소한 노력으로도 제2의 신혼을 만들 수 있다

차례

섹스, 부부의 연구 과제 1호 · · · 173
남편과 아내의 동상이몽 | 마음의 상처까지 치유해주는 선물 | 부부의 성생활에도 공부가 필요하다 | 성욕에는 남과 여가 따로 없다 | 몸보다 마음을 먼저 애무하라 | 부부간의 성생활에 정해진 각본은 없다 | 섹스의 완성이 오르가슴이라는 생각은 착각 | 아내를 여자로, 남편을 남자로 보라 | 자위에 대한 고정관념을 버려라

고부 갈등, 그 영원한 숙제 · · · 186
고부 갈등의 주요 원인은 시어머니의 상실감 | 시어머니나 남편도 힘들긴 마찬가지 | 고부 갈등을 막고 풀기 위한 7가지 제안 | 부모의 입김에서 벗어나려면 경제적·심리적 독립부터 하라

부부의 노후 준비, 30대부터 시작하라 · · · 199
30대부터 60세 이후의 노후를 그려라 | 부부 둘만의 시간을 미리 연습하라 | 부부의 노후를 위해 자식과의 '거리'를 합의하라 | 자녀에게 '부모 대하는 법'을 보여주어라 | 노후 준비는 배우자를 사랑하고 부모를 이해하는 방법

4장. 부부가 함께 배워야 할 자녀 사랑의 지혜

자녀 교육, 부부가 한 방향을 바라보라 · · · 211
우리 부부의 자녀 교육 목표 세 가지 | 자녀 교육 방식에 부부 공동 내비게이션을 달아라 | 자녀에게 일관성 있는 부모의 모습을 보여주어라

부부가 자녀의 공부보다 먼저 생각해야 할 것들 · · · 219
건강과 안전이 먼저이다 | 돈 쓰는 법, 제대로 가르치기 | 자녀의 건강을 지켜주는 습관들 | 책 읽는 습관 심어주기 | 자녀의 숨은 재능 찾아주기

어떻게 해야 내 아이가 공부를 잘할까? · · · 231
책상에 앉는 습관부터 길러주어라 | 아이의 집중력, 환경에 따라 다르다 | 부부 사이가 좋으면 아이의 성적이 오른다 | 읽기와 듣기 능력 키워주기 | 공부에 대한 동기부여 | 부모가 공부하는 모습이 가장 큰 자극제

맞벌이 부부가 될 아이, 지금 어떻게 키울까? · · · 242
부부가 먼저 성 역할에 대한 인식을 바꿔라 | 왜 집안일은 엄마가 해야 하지? | 자녀가 할 수 있는 작은 일은 직접 하게 한다 | 아빠의 '쇼'가 엄마의 설명보다 낫다

아이에게 바람직한 이성관과 결혼관을 심어라 · · · 253
이성 교제, 말린다고 되는 게 아니다 | 사랑의 감정을 조율할 수 있는 힘 | 자녀는 부모의 결혼 생활을 보고 배운다 | 자녀를 로미오와 줄리엣으로 만들지 않으려면

지금의 아이는 미래의 어른이다 · · · 263
자식에게만 '올인'하는 가족에겐 비극이 예고되어 있다 | 부모가 대신 대가를 치르지 마라 | 공부한다고 모든 의무를 면제해주지 마라 | 부모 자식 간에도 홀로 서기 훈련이 필요하다

1장

우리가 알아야 할 '가족'의 모든 것

두 얼굴의 '가족'

"가족은 빨래집게이다."
"가족은 사칙연산이다."
"가족은 다리미이다."
"가족은 버스 손잡이다."
"가족은 휴대폰 단축 번호 1번이다."

몇몇 기업이 '가족은 ○○이다'라는 문장을 내걸고 고객의 의견을 공모한 결과 이런 문장들이 나왔다.

가족은 바람에 흔들릴 때 잡아주는 빨래집게이고, 가족은 행복을 더하고 슬픔을 빼고 미래를 곱하고 어려움을 나누는 사칙연산이라는 얘기이다. 가족은 상처를 반듯하게 펴주는 다리미요, 덜컹대는 인생길에서 잡을 수 있는 버스 손잡이라는 정의에 공감이 간다.

나는 가정이나 가족, 부부나 자녀 교육과 관련된 강의라면 전국 어디든지 달려가는데, 강의를 시작하면서 "가족이 무엇이라고 생각하십니까?"라는 질문을 자주 하는 편이다. 그에 대한 답변 중에 "끝까지 구조 조정 안 하고 내 편이 되어줄 사람"이라는 대답과 "탕수육이나 갈비, 피자처럼 맛있는 요리는 아니지만 매일 먹는 밥 같은 존재"가 가족이라는 대답이 지금도 기억에 남는다.

교도소에 강의를 나가보면 재소자들의 대답 또한 크게 다르지 않다는 점에 놀라게 된다. 그들 역시 '가정' 하면 따뜻한 안식처, 내가 쉴 보금자리라는 이미지가 가장 먼저 떠오른다고 한다. 재소자들의 경우 성장 과정에서 가족의 따뜻한 사랑을 못 받고 오히려 상처 입으며 살아온 사람들이 많다는 점에 비추어보면 시사하는 바가 크다.

광고에서 활용하는 '가족 마케팅' 역시 어려울 때일수록 믿을 것은 가족밖에 없다는 메시지를 전하고 있다. IMF 외환 위기 때는 '아빠, 힘내세요'라는 광고가 큰 주목을 받았고, 얼마 전에는 한 아파트 브랜드가 "엄마가 없으면 집이 텅 빈 것 같다"라는 어린이의 말을 인용해 '집은 엄마이다'라는 광고 방송을 선보여 시선을 끌었다. '가족 마케팅'은 어려울 때 믿을 수 있는 것은 가족밖에 없다, 가족은 최후의 보루이다, 아무리 형편이 어려워도 가족을 위한 소비는 줄일 수 없다는 믿음과 가정을 전제로 하고 있는 것이다.

즐거운 우리 집, 또는 지긋지긋한 집구석

그러나 주위를 둘러보면 모든 가족이 다 행복한 것은 아니다. 가족이 모여 산다고 해서 늘 즐거운 것도 아니고, 가족이 항상 나에게 힘이 되고 도움을 주는 것도 아니다. 오히려 가족 간에 벌어지는 온갖 다툼과 끔찍한 사건, 사고 때문에 섬뜩한 기분을 느낄 때가 많다. 머리로는 가장 큰 힘과 의지가 되는 것이 가족이라고 믿고 있지만, 그런 가족도 때로는 서로에게 상처를 입히고 좌절을 안겨줄 수도 있다는 것을 실감하기 때문이다.

맞벌이를 하며 두 아들을 키우는데도 육아와 가사를 전혀 도와주지 않는 남편이 있는가 하면, 실직 이후 가족에게 외면당하는 가장도 있고, 날마다 가계부를 검사하고 잔돈 지출까지 일일이 보고를 받는 짠돌이 남편도 있다. 학교를 그만두고 가수가 되겠다며 가출해버린 사춘기 자녀를 둔 가정도, 세 딸이 모두 이혼을 하고 친정으로 돌아온 가정도 '즐거운 우리 집'은 아니다. 맏며느리를 종 부리듯 막 대하는 시부모, 무식하고 가난한 부모를 무시하고 이용하려고만 하는 자식들, 너무나 많은 가족이 서로에게 상처를 입히고, 고통을 외면하고, 인간적인 모멸감을 느끼게 한다.

뉴스에 나오는 사건들은 더욱 끔찍하다. 얼마 전에는 철없는 부부가 컴퓨터 게임에 몰두하느라 신생아를 방치했다가 아기를 잃고 감옥에 간 일이 있다. 이 사건이 사회적인 분노를 불러일으켰는데, 우리 주변에서는 이와 유사한 일들이 수도 없이 벌어지고 있다. 가족이기에 오히려 서로를 비난하고, 가족이기에 아무렇지 않게 서로를 상처 입히는 것이다.

급작스럽게 명예퇴직을 당한 남편의 상처를 가족이라는 다리미로 쫙쫙 펴주기는커녕 "저 인간은 남들 다 하는 등산도 안 하고 집구석에만 처박혀 있다"고 힐난하며 상처를 더 깊게 만드는 아내가 있는가 하면, 아내가 계를 잘못 들어 돈을 날렸다고 해서 이혼을 청구한 남편도 있다. 이들에게 가족의 '사칙연산' 따위는 아무 의미가 없다.

가족은 이렇게 서로 상반되는 두 얼굴을 가지고 있다. 우리는 흔히 사랑하는 사람과 결혼을 하고 아이를 낳으면 행복한 가정이 저절로 만들어질 것이라고 생각하지만, 그것은 착각일 뿐이다. 앞서 얘기한 극단적인 상황까지는 아니더라도 가족 간에 서로 외면하거나 무시하고, 어려움이 닥칠 때마다 서로 탓하거나 비난하고, '어떻게 하면 이놈의 지긋지긋한 집구석을 벗어날까' 기회만 노리는 가족이 생각보다 많다.

행복한 가정은 '공짜'로 주어지는 게 아니다

많은 사람들의 축복 속에서 행복에 겨워 가정을 이룬 사람들이 이런 끔찍한 상황에 이르는 이유는 무엇일까. 그것은 대부분의 사람들이 행복한 가정, 화목한 가족을 꿈꾸기는 하지만 그것을 실현하기 위한 노력에는 게으르기 때문이다.

쉬운 예로, 죽을 때까지 건강한 치아를 간직하고 싶다는 소망에 대해 얘기해보자. 이 작은 소망을 이루기 위해 우리는 하루에 세 번, 적어도 두 번, 아무리 바쁘고 피곤해도 하루에 한 번은 어김없이 이를 닦는다. 심지어는 초저녁부터 잠에 취해 쓰러진 날도 이를 닦아야 한다는 생각에 잠이 깨곤 한다. 그뿐인가. 문제가 생길 때마다 치과에 들러 치료를 받고, 별문제가 없어도 정기적으로 스케일링을 한다.

그렇다면 우리는 치아와는 비교할 수도 없이 소중한 가족을 위해 매일, 단 하루도 빼놓지 않고 무엇을 하고 있는가. '가족을 위해 열심히 일한다', '가족을 위해 희생하고 있다'고 막연하게 대답하지 말고, 가족의 행복을 위해 구체적으로 무슨 일을 하고 있는지 돌이켜보자. 가족을 즐겁게 하기 위해 노력한 적이 있던가. 가족의 건강을 위해, 가족과 대화를 나누기 위해 무엇을 했던가. 가족 중의 누군가가 내 앞에서 '당신 때문에 행복하다'고 말하는 것을 들어본 적이 있는가.

사실 가족은 치아와 달라서 날마다 돌보고 관리하지 않더라도 당장 무슨 일이 일어나는 것은 아니다. 하지만 장기적으로 볼 때 가족 관계 역시 꾸준히 돌보지 않으면 냄새가 나거나 흔들리거나 썩어서 뽑아내야 하는 지경에 이르고 만다. 하루 이틀 만에 눈에 띄는 문제가 생기지 않기 때문에 느끼지 못할 뿐, 가족은 치아와는 비교할 수 없을 만큼 훨씬 더 자주, 훨씬 더 많은 노력과 정성을 들여 관리해야 하는 존재인 것이다.

'함께' 이룬 가정, 행복 역시 '함께' 가꾸어나가야

결혼 생활에 대한 비현실적인 기대가 원인이 되어 가족의 행복이 깨지는 경우도 있다. 남자와 여자가 사랑에 빠져 있을 때는 어떤 난관이라도 사랑으로 헤쳐나갈 수 있다고 굳게 믿는다. 물론 이들 역시 결혼 생활에는 여러 가지 문제나 어려움이 따른다는 것쯤은 알고 있을 것이다. 하지만 맹목적인 사랑이 분별력과 판단력을 떨어뜨리면 사랑만 있으면 된다고 호언장담을 하게 된다.

그러나 살다 보면 사랑만으로 해결할 수 없는 문제가 너무도 많다는 것을 깨닫게 된다. 배우자를 아무리 사랑해도 그의 부모가 진심으로 받아들여주지 않으면 한 가족으로 융화하는 데 어려움을 겪게 되고, 아무리 열심히 일해도 가난에서 헤어나지 못하면 사랑도 지치고 만다. 결혼은 두 사람의 결합이 아닌, 두 집안의 결합이기 때문에 대부분의 문제는 결혼 전에 예상했던 것보다 훨씬 크고 치명적이다. 그러니 결혼 전에는 사랑만큼 힘이 센 것이 없는 것처럼 여겨지지만, 결혼한 뒤에는 사랑만큼 나약한 것이 없는 것처럼 느껴지는 것이다.

삶은 언제나 녹록지 않다. 노란 유채꽃이 만발한 제주도를 상상하고 아무 준비 없이 비행기를 내렸는데, 막상 도착한 곳이 살을 에는 칼바람만 가득한 시베리아 벌판이라면 어떻게 할까. 그것도 하루 이틀의 신혼여행이 아니라 50년의 결혼 생활이라면 문제는 심각하다. 내가 상상하던 것과 다르다고 해서 무를 수도 없는 노릇이고, 뒤늦게 현실을 깨닫고 허겁지겁 준비를 한다 해도 몸과 마음은 이미 상처투

성이가 되고 만다.

안타깝게도 이런 일은 매우 흔하다. 결혼에는 신혼집이나 혼수 못지않게 크고 많은 마음의 준비가 필요한 것을 모른 대가이다. 요즘은 전문 웨딩플래너가 있어서 돈과 시간만 있으면 결혼식과 혼수는 큰 무리 없이 준비할 수 있다. 그러나 크고 넓은 신혼방을 마련하고 그 방을 채우는 데 신경을 쓰느라 정작 중요한 마음의 방은 채 마련하지 못하거나 알차게 채우지 못하는 사람이 많다. 신혼집도, 살림살이도 길게 써야 10년이면 수명이 다한다. 그러나 마음의 준비는 그 싹이 튼튼해야 결혼 생활 50년 동안 건강하게 키울 수 있는 법이다. 그런데 이 중요한 숙제를 서로 배우자에게만 미룬다면 어떻게 되겠는가.

특히 상대방에게 지나치게 큰 기대를 갖고 있는 경우 어려움은 더욱 커진다. 가정은 남편과 아내라는 두 개의 기둥이 균형을 잘 잡아야 흔들림 없이 유지된다는 것을 모르는 사람들은 자신의 의무나 책임에는 소홀한 채 모든 일을 상대방의 책임으로 떠넘기려 한다.

아직도 많은 여자들이 결혼만 하면 남편이 다 알아서 먹여 살리겠지, 남편이라면 당연히 책임감 강한 가장이 되겠지 하고 믿어버린다. 남자들은 또 남자들대로 아내가 생기면 생활이 금세 안정되겠지, 어머니의 품속에 있을 때처럼 모든 것이 편안하고 아늑하게 돌아가겠지 하고 믿는다. 꿈에 그리던 든든한 내조를 기대하는 것이다.

하지만 이런 섣부른 단정은 서로에게 부담만 될 뿐 현실과는 거리가 있다. 신혼 초, 결혼 생활이 낯설고 혼란스럽기는 남자도 마찬가지이다. 아직 자신의 인생도 책임감 있게 이끌어나가지 못하고 헤매는 와중에 가족까지 생겼으니 더욱 고민이 깊어지는 것이다. 여자들 역시 아내나 주부의 역할을 제대로 하기 위한 배움의 기회를 갖지 못한 채 결혼을 하는 경우가 대부분이다. 가깝게는 요리나 청소를 비롯한 살림살이부터 멀게는 장기적인 재테크나 가족 내 대인 관계까지 어수룩한 경우가 오히려 더 많다.

상대방이 나를 행복하게 만들어줄 것이라는 과도한 기대감은 결국 내게는 실망으로, 상대방에게는 심리적 압박으로 작용할 수밖에 없다.

'함께' 이룬 가정이니 그 행복 역시 '함께' 만들어가야 한다. 또 함께 만드는 행복만큼이나 중요한 것이 함께 문제를 해결하려는 의지이다. 가족의 문제는 나의 문제도 상대방의 문제도 아닌, 가족 구성원 모두의 문제이다. 준비를 통해 피해갈 수 있는 문제가 있다면 철저하게 준비해서 문제에 대비하는 것이 상책이고, 미처 예상치 못한 문제에 부딪혔을 때에는 문제를 드러내놓고 해법을 찾아야 한다. 그것이 결혼의 현실이고, 온 가족이 함께 져야 할 의무인 것이다.

행복한 가족의 7가지 공통점

많은 사람들이 행복한 가족의 조건으로 돈을 꼽는다. 크게는 집이나 자동차부터 작게는 소박한 외식까지, 돈 없이는 그 어느 것도 마음처럼 이룰 수가 없으니 당연한 얘기일 수 있다. 일례로 방 두 개짜리 17평 빌라에서 부모님과 함께 살며 두 아이를 키운다면 불편한 게 한두 가지가 아닐 것이다. 이런 불편이 쌓이다 보면 행복감은 낮아질 수밖에 없다. 그래서 사람들은 돈을 두고 '다다익선多多益善'이라고 말한다. 이왕이면 돈이 많은 것이 행복을 만드는 데 훨씬 유리하다고 생각한다.

하지만 돈이란 마실수록 더욱 갈증 나게 만드는 바닷물처럼, 많을수록 욕구가 커져 웬만해서는 만족하지 못한다. 처음에는 행복을 위해 돈이 필요하다고 생각하지만 나중에는 돈 자체에 지나치게 큰 의미를 두게 되는 까닭이다. 세상살이가 힘들수록 돈의 매력은 더욱 커 보이고 돈이 더 나은 삶으로 데려다 주는 차표처럼 보이기도 한다. 하지만 본질적인 가치를 망각한 돈은 오히려 재앙으로 돌변하곤 한다.

사람들의 선입견과는 달리 돈이란 많으면 많을수록 행복해지는 것은 아니라는 연구 결과가 있다. 행복경제학을 연구하는 영국 워릭 대학교 경제학과 교수 앤드루 오즈월드와 미국 일리노이 대학교 심리학과 교수 에드 디너 등의 연구 결과에 따르면, 행복한 삶을 누리기 위해서 어느 정도의 경제적 여유는 꼭 필요하지만 일정 수위를 넘어서게 되면 오히려 부유함이 행복을 무너뜨린다고 한다.

실제로 부유한 부모만 믿고 의지하려 들거나 손 내미는 자식들 때문에 고민하는 사람도 많고, 부모가 남겨준 유산 때문에 오히려 형제간의 우애가 깨지는 경우도 적지 않다. 반대로 돈은 없어도 가족 간의 사랑이 넘쳐흐르고 웃음소리가 끊이지 않는 가정도 많다. 그들은 한결같이 가족의 행복은 돈으로 살 수 없는 것이라고 말한다. 그렇다면 그들이 입을 모아 말하는 행복한 가족의 조건은 무엇일까.

행복한 가족의 공통점 1 - 매일매일 감사와 사랑을 표현한다

고등학교 2학년 때 아버지가 폐암으로 돌아가시자 우리 집은 경제적으로 가장 어려운 때를 맞이하였다. 집도 없이 남의 집에 전세를 살면서 어머니가 하숙생을 받아 근근이 살아가던 시절이었다. 하숙생에게 방을 내준 나는 사촌 형과 한 방을 써야 했지만 그 정도 일쯤은 대수롭지 않게 여겼다. 수업료를 제때 못 내서 학교에서 쫓겨난 적도 있었지만 웬일인지 나는 가난이 지긋지긋하다거나 돈이 없어 불행하다는 생각은 하지 않았던 것 같다.

잠자리에 누워 천장을 바라보면 '내가 이렇게 맘 편히 누워 잠들 수 있는 공간이 있다는 것이 얼마나 행복한가!'라는 생각이 들어 감사했고, 아침마다 어머니가 싸주시는 따뜻한 도시락의 온기가 책가방을 넘어 허벅지에 전해질 때면 '난 참 복 많은 놈'이라는 생각에 마음이 훈훈해지곤 했다. 또래의 친구들보다 좀 조숙했던지 나는 그렇게 일찍부터 감사하는 데 익숙했다. 바로 그 감사할 줄 아는 마음이 가난 속에서도 내가 행복을 찾을 수 있었던 비결이었을 것이다.

요즘도 나는 가족과 웃으며 식사를 할 때 가장 큰 행복감을 느낀다. 아내는 아내대로, 아이들은 아이들대로 저마다 겪는 어려움이 왜 없겠는가. 하지만 아내가 차려주는 따뜻한 밥상 앞에 아이들과 함께 앉아 웃으며 식사를 할 수 있으니 그것만으로도 얼마나 감사한 일인지…….

행복한 가족의 이야기를 들어보면 그들 역시 이렇게 사소한 것에 서로 감사하고 서로를 있는 그대로 존중해주는 것을 알 수 있다. 배우자나 자녀를 있는 그대로 받아들이는 것이 행복한 가족을 이루는 첫걸음이라는 얘기이다. 밥상 앞에 앉자마자 "또 된장찌개야?" 하고 불평을 한다면 아침 내내 밥 하고 찌개 끓이느라 정신없던 아내의 마음이 어떻겠는가. 또 자녀에게 "넌 공부는 못하면서 밥은 참 잘 먹는다"라고 비난조로 얘기한다면 학교에 가는 자녀의 발걸음이 즐거울 리가 없지 않은가.

많은 부부와 가족을 상담하면서 난 '별일 없는 것'이 최고의 행복이라는 생각을 참 자주 한다. '무소식이 희소식'이라는 말은 가족 문제에도 잘 들어맞는 것 같다. 큰 소리 날 일 없이 평탄하게만 사는 것도 쉬운 일이 아니기 때문이다. 건강을 잃고 가족을 잃은 뒤에야 "그때는 참 좋았었는데……" 하며 아쉬워한들 무슨 소용인가. 가족이 함께 모

패밀리 데이 만들기

5월 5일은 어린이날, 5월 8일은 어버이날, 5월 21일은 부부의 날이다. 그러나 가족에 대한 감사와 사랑이 어찌 그날만 중요하겠는가. 1년에 한 번, 이름 붙은 날만 의무감으로 꽃을 사고 선물을 사왔다면, 이제부터는 매월 5일, 8일, 21일을 우리 가족만의 어린이날, 어버이날, 부부의 날로 정해보는 것은 어떨까? 그날이 정 어려우면 앞뒤로 융통성 있게 조절하여 우리 집 형편에 맞게 하루를 보내면 된다. 정부에서 캠페인을 벌이는 것처럼 매달 셋째 주 수요일을 '패밀리 데이'로 정하는 것도 좋다. 하지만 그때마다 선물 잔치가 필요한 것은 아니다. 가족의 사랑을 되새겨보고 가족의 화목을 위해 꾸준히 노력하는 계기로 삼는 것이 중요하다.

여 웃음을 나눌 수 있다면 그것이야말로 가장 큰 행복이다. 바로 그 순간을 감사하고 서로를 있는 그대로 받아들일 줄 아는 너그러움이 가족의 행복을 약속한다.

행복한 가족의 공통점 2 – 문제 해결 능력이 있다

사람들은 흔히 행복한 가족은 아무 문제도 없고, 전혀 싸우지도 않으며, 매일 웃음꽃을 피우며 산다고 생각한다. 그러나 같은 아파트의 103호 집이나 706호 집이나 사는 것은 크게 다르지 않다. 문제의 양과 문제의 종류, 갈등의 양과 갈등의 종류도 어느 집이나 비슷한 법이다.

사람들은 "가정경영연구소 소장 댁이니 부부 싸움도 안 하고 살겠네요." 하고 부러워들 하지만 그것 역시 선입견일 뿐이다. 그때마다 나는 "저하고 같이 안 살아봐서 그런 말씀 하시는 겁니다" 하며 웃어넘기지만, 우리 집에서도 때로는 큰 소리가 나기도 하고 때로는 가족끼리 말 안 하고 지내는 냉랭한 기류가 흐르기도 한다.

중요한 것은 아무런 갈등 없이 사는 것이 아니라, 크고 작은 갈등이 생길 때마다 그것을 잘 푸는 방법을 갖고 있느냐 하는 것이다. 행복한 가족을 살펴보면 그들은 문제에 부딪치더라도 좌절하지 않고 그 문제가 어디서부터 생겨났으며, 파괴적인 결말을 피해가는 방법은 무엇인지를 찾기 위해 고민한다. 눈에 보이는 갈등 요소보다 그것을 해결해 나가는 과정이 훨씬 더 중요하다는 것을 알고 있기 때문이다. 이런 가정에서 벌어지는 사소한 문제는 오히려 그들의 화목을 다지는 도구가 된다.

　사춘기 열병을 앓던 중학교 3학년짜리 아들이 가출을 했다고 가정해보자. 남편은 아내에게 "집에서 뭐하고 있었느냐"고 비난하고, 아내는 남편에게 "그러는 당신은 애를 위해서 한 게 뭐가 있느냐"고 맞받아친다면, 이 문제는 아들의 가출이 아니라 가족 전체의 문제로 번지게 된다. 실제로 이런 문제로 가정 폭력이 생기거나 이혼까지 한 가정도 있다.

　지혜로운 부모라면 이럴 때 서로의 잘잘못을 가리고 따지기보다는 서둘러 아들을 찾아 마음을 다독거리는 일부터 할 것이다. 그리고 아들이 학교와 가정에 정을 붙이고 다시는 가출을 하지 않도록 대화의

존댓말 부부 싸움

평소 존댓말을 쓰는 부부도 싸우다 보면 반말이 나온다. 하지만 평소 반말을 쓰는 부부라도 싸울 때는 존댓말을 써보면 어떨까?
"시끄러워, 입 닥쳐!"
"너나 입 닥쳐!"
"너? 입 닥쳐? 이게 어따 대고 막말이야?"
이런 험악한 부부 싸움도 존댓말을 쓰면 좀 더 우아한 싸움이 되어 파괴적인 결말을 예방할 수 있다.
"여보, 이제 그만하세요."
"그만하란다고 금세 '그만'이 안 되잖아요!"
"아무튼 오늘은 그만하고 내일 얘기합시다."

물꼬를 트는 방법을 강구할 것이다. 그런 다음 아들의 잘못을 지적해주고 부모로서 서로가 잘못한 것은 무엇인지 대화를 나눌 것이다. 가족의 행복은 바로 이런 식의 문제 해결 과정에서 더욱 굳건히 다져지기 때문이다.

행복한 가족의 공통점 3 - 대화를 많이 하고 말이 통한다

사람은 누구나 말을 통해 자신을 표현하고 싶어 하며, 동시에 다른 사람으로부터 인정받고 싶어 한다. 이 같은 욕구를 가장 먼저, 가장 우호적으로 해소해줄 수 있는 상대가 바로 가족이다. 부모는 자녀가 어떤 생각을 갖고 있는지 솔직하게 표현할 수 있는 환경을 조성해주어야 하며, 자녀 역시 부모가 자신의 속마음을 얘기할 수 있도록 경청하는 자세를 가져야 한다.

하지만 자녀를 너무 훤히 알고 있다고 자부하는 부모들 중에는 자녀의 말을 채 들어보지도 않고 지레짐작으로 다그치거나 "어디서 감히 엄마한테……"라는 식으로 권위주의의 칼을 내미는 경우가 많다. 그러니 자녀가 "하여간 우리 엄마하고는 말이 안 통해!"라며 대화 자체를 거부하는 일이 생기는 것이다.

부부간에도 종종 "우리 얘기 좀 해" 하고 대화의 자리를 마련하지만, 오히려 말싸움으로 번지는 경우가 많다. 서로가 상대방의 얘기는 듣지 않고 자신의 말만 앞세우기 때문이다. 상대방의 말을 자르고 자기가 먼저 말하려 하거나, 상대방이 말을 하는 와중에도 그 말을 듣기

보다는 자신이 말할 차례를 기다리는 경우가 많다. 이래가지고서는 절대 말이 통할 리 없고 대화가 즐거울 리 없다.

행복한 가족은 대화가 있는 가족, 말이 통하는 가족이다. 상대방이 뭔가 말하고자 할 때 그것을 끝까지, 차분히 들어주는 것만으로도 가족 간에 생길 수 있는 오해와 갈등은 반으로 줄어들 것이다.

행복한 가족의 공통점 4- 함께하는 시간을 즐긴다

미국의 가족학자 데이비드 올슨과 존 드프레인 교수는 가족과 함께하는 즐거운 시간이 많을수록 가족 간의 응집성과 결혼 만족도가 높아지는 경향이 있다고 주장한다. 활발한 의사소통과 적극적인 상호작용을 통해 큰돈을 들이지 않고도 행복한 추억을 만들 수 있다는 것이다. 하지만 부모는 부모대로 바쁘고 자녀는 자녀대로 바쁘다 보니 온 가족이 함께 모여 뭔가를 한다는 것이 쉬운 일은 아니다. 요즘은 야근 없는 직장이 거의 없고, 아이들은 주말까지 학원이나 과외에 바쳐야 한다.

가족과 함께 시간을 보내라고 하면 대부분의 부모들이 "애들 학원 때문에 여행은 꿈도 못 꿔요!"라고 말하는데, 꼭 가족 여행을 떠나고 주말 나들이를 해야만 가족과 함께 시간을 보낼 수 있는 것은 아니다. 저녁을 먹고 운동 삼아 잠깐 시간을 내서 동네를 한 바퀴 돌고 온다거나, 텔레비전을 함께 보거나 음악을 함께 듣는 것도 좋고, 보다 적극적인 상호작용이 가능한 운동 경기를 하거나 함께 음식을 만들어 먹는 것도 얼마든지 훌륭한 가족 활동이 될 수 있다.

　중요한 것은 함께 활동을 하는 시간의 양이나 들이는 비용이 아니라 서로가 함께하는 동안 얼마나 유대감을 느끼며 즐기느냐이다. 특히 맞벌이 가정의 부모들은 자녀와 함께 놀아주지 못하는 것에 대해 죄책감을 느끼는 경우가 많다. 하지만 일주일에 한 시간이라도 자녀가 그간의 외로움이나 스트레스를 완전히 해소할 수 있도록 신나게 놀아주는 것이 하루 종일 함께 있으면서 아무 의미 없이 시간을 흘려보내는 것보다 훨씬 더 효과적이다. 중요한 것은 양이 아니라 질인 것이다.

집에서 하는 가족 캠프

주말이나 방학이 되면 놀러 가자고, 여행 가자고 조르는 아이들 때문에 고민하는 부모가 많다. 바로 이럴 때 거실에 텐트를 치고 가족 캠프를 즐기면 아주 특별한 경험이 된다. 침대나 식탁은 멀쩡하게 놔두고 텐트 안에서 자고, 신문지 깔고 밥 먹고, 전등 대신 양초로 불 밝히고, TV도 끈 채 아빠가 준비한 카레라이스를 맛있게 먹어보자. 다음 날 아침, 새소리가 담긴 CD로 가족의 잠을 깨우는 센스를 발휘한다면 정말 야외로 놀러 온 듯한 착각에 빠질 수도 있을 것이다.

행복한 가족의 공통점 5 - 서로에게 헌신한다

행복한 가족의 가장 큰 공통점 중 하나는 헌신이다. 요즘은 희생이나 헌신이란 단어를 찾아보기가 어렵지만 미국의 저명한 심리학자 로버트 스턴버그와 반스는 '사랑의 삼각형 이론'을 통해 사랑을 이루는 세 가지 요소로 친밀감, 열정 그리고 헌신을 꼽고 있다.

흔히 사랑의 가장 중요한 요소는 친밀감이나 열정이라고 생각하지만, 헌신이 없는 사랑은 낭만적 사랑이나 맹목적 사랑, 소유적 사랑, 오락적 사랑으로 치우치기 쉽다. 물론 헌신만 강조하는 사랑도 공허하다. 주는 사람은 한없이 주고 받는 사람은 시종일관 받기만 한다면 그 역시 오래가지 못한다. 물질이건 감정이건 서로 양보하고 배려하며 헌신할 줄 알아야 그 관계가 건강하게 지속될 수 있다.

요즘 같은 세상에 무슨 '헌신'과 '희생'이냐고 반문할지 모르겠다. 헌신과 희생을 우리 부모님 세대의 고리타분한 유물쯤으로 폄하하는 사람도 많다. 하지만 헌신이라는 것이 가족을 위해 모든 것을 포기하고 서로를 구속한다는 의미는 아니다. 가족을 위해 나의 이익이나 목표, 일을 어느 정도 양보할 줄 알고, 나의 시간과 에너지를 가족 활동에 더 많이 투자하려고 노력하는 태도를 가리키는 것이다. 그러면서도 각자의 욕구를 존중하고 서로의 목표를 달성할 수 있도록 지지하고 격려하는 자세가 진정한 헌신이며 희생이다.

행복한 가족은 서로를 위해 헌신하는 데 주저하지 않는다. 특히 어머니는 자식에 대해 무조건적으로 희생하고 헌신한다. 세상의 어떤 어머니도 자식을 두고 '본전 생각'을 하지는 않는다. 자신의 희생을 통해 자식이 행복해진다면 어머니는 더 큰 행복과 감동을 느끼기 때문이다. 요즘은 출산을 거부하는 부부도 많다고 하지만 이는 자식이 주는 행복감을 모르기 때문에 하는 소리이다. 자식은 부모에게 육체적·정신적 노고는 물론, 경제적 부담과 스트레스를 불러일으킨다. 하지만 사회적 성공이나 부부간의 사랑에서는 느낄 수 없는 절대적인 행복감을 선사한다. 부모의 헌신이 자식의 행복을 좌우하는 만큼 자식에 대한 헌신은 부모 자신에게도 행복이라는 얘기이다.

그런데 요즘은 배우자와의 관계, 또는 시부모나 처부모와의 관계에서는 자신이 원하는 조건만 따지고 그 조건이 사라져 교환 가치가 없다고 판단되면 여지없이 그 관계를 포기하고 마는 경우가 많아졌다. 가족을 위해 헌신하는 것 자체를 염두에 두지 않는 것이다. 하지만 행복한 가족은 서로를 위해 헌신하는 것을 즐거워하며, 크고 작은 희생과 배려를 통해 더 큰 행복감을 느낀다.

요즘처럼 이혼이 흔하고 가족 해체가 빈번할수록 헌신은 우리가 가장 먼저 회복해야 할 덕목이다. 가족 한 사람 한 사람이 각자 자신의 욕구만 앞세우고 서로 간에 헌신하지 않는다면 절대 행복해질 수 없다. 행복한 가족은 서로를 위해 기꺼이 헌신하고 그 과정을 통해 성장, 발전해나간다는 사실을 잊어서는 안 된다.

행복한 가족의 공통점 6- 가족 공동의 가치관이 있다

부부는 서로 마주 보는 사이가 아니라 같은 방향을 향해 함께 걸어가는 사람이라고 한다. 이는 가족 내에도 공유할 수 있는 비전이 있어야 함을 의미하는 말이다. 실제로 행복한 가족은 가족 구성원 모두가 공동의 가치관을 갖고, 서로를 끌어주고 밀어주며 용기를 불어넣는다. 이들은 가족인 동시에 사회적 동지이며, 같은 꿈을 이루기 위해 힘을 합치는 파트너이다.

한 가족이 공유하는 비전은 배우자를 선택할 때부터 시작된다. 한 사람은 오로지 돈을 모아서 집을 늘리는 데만 관심이 있는 데 반해 한 사람은 지적 욕구가 강해서 끊임없이 공부를 하고 싶어 한다면 이 두 사람 사이의 갈등은 예고되어 있는 것이나 다름없다. 그러니 상대방의 가치관을 진지하게 살펴 나와 같은 길을 걸어갈 수 있는 사람인지 아닌지를 판단하는 것이 결혼을 결정할 때 가장 중요한 요소라고 할 수 있다.

이 같은 가치관은 이후 자녀에게 전이되고, 나아가 한 가정의 문화가 된다. 부모의 가치관은 일부러 가르치지 않아도 자녀에게 고스란히 전수되어 자녀의 사고방식과 생활 습관을 좌우한다. 친구와의 우정이 삶을 더욱 풍부하게 만들어준다고 생각하는 부모 아래에서 자란 자녀와 공부를 잘해서 성공하면 친구는 저절로 따라오게 되어 있다고 생각하는 부모 아래에서 자란 자녀는 분명히 다른 삶을 살아갈 것이다.

그러므로 가족 공동의 가치관은 건강한 것이라야 한다. 돈이나 출세, 권력을 향해 질주하는 가족은 결국 그것의 노예가 되고 만다. 이런 가족은 한때 그것을 이룬 것처럼 보일지라도 결국 그 돈이나 권력의 주인이 되지는 못한다. 쉬운 예로 '돈, 돈' 하며 자식을 키운 부모가 결국 자식에게 돈만 빼앗긴 뒤 외면당하는 경우도 많다. 또 가족도 돌아보지 않고 출세만 향해 달려온 사람이 가족도, 건강도 모두 잃어버리고 후회하는 경우도 있다. 그토록 꿈꾸던 사회적 성공은 얻었지만 자신은 어느새 아무런 위안이나 행복감도 느끼지 못하는 외톨이가 되고 만 것이다.

가족이 모두 행복하게 성장해나가기 위해서는 정직, 봉사, 사랑같이 건강한 가치관을 가정에 심어야 한다. 이런 큰마음은 가족을 더욱 단단한 가족애로 엮어줄 뿐 아니라 서로가 서로를 아끼고 위로하며 보듬게 한다. 가정이 심신의 안식처가 되기 위해서는 가족의 마음을 따뜻하게 데울 줄 알아야 한다.

행복한 가족의 공통점 7 – 웃음이 넘친다

늘 웃음이 넘치는 가족, 유머를 연출할 줄 아는 가족은 행복한 가족이다.

유머는 사람의 마음을 여는 열쇠이다. 이 사실을 모르는 사람은 없을 것이다. 하지만 많은 사람들이 유머를 공적인 대인 관계를 위한 서비스 정도로 생각하는 경향이 있다. "굳이 가족을 상대로 유머를 해야 하느냐", "가족은 그냥 날 좀 편하게 내버려두는 관계가 되어야 하지 않느냐"고 되묻는다. 하지만 행복한 가족은 유머의 가장 중요한 대상으로 가족을 꼽는다.

나 역시 가족 앞에서 유머를 연출하기 위해 애쓰는 편이다. 나는 본디 유머 감각이 뛰어난 편은 아니지만, 어디선가 새로운 유머를 보고 들으면 꼭 가족 앞에서 시도해본다. 유머 감각은 상당 부분 타고나기도 하지만 후천적인 노력을 통해 획득할 수도 있다고 생각하기 때문이다. 그중에는 십수 년간 애용해온 유머도 있다. 한여름에 아이들이 덥다고 투덜거릴 때마다 "너희들 덥니? 하나도 안 추워서 얼마나 좋으니?"라고 너스레를 떠는 것이다. 그때마다 아이들은 "썰렁하니까 그만하세요!" 하지만 나는 도전을 멈추지 않는다.

유머를 얼마나 센스 있게 잘하느냐는 그리 중요하지 않다. 가족을 즐겁게 해주려는 작은 노력이야말로 가족의 행복을 부르는 신호탄이다.

24시간 유머 배달

오늘 누군가에게 들었거나 인터넷에서 발견한 재미있는 유머가 있다면 '24시간 안'에 배우자에게 유머를 배달해보자. 오늘이 가기 전에 바로 유머를 써먹어야 그 느낌을 제대로 살릴 수 있다. 유머를 하기 전에 웃음기를 완전히 빼는 연습부터 해야 시치미 뚝 떼고 웃음을 연출할 수 있다. 침대에서 재미있는 유머로 하루를 마감하는 부부는 행복한 부부임에 틀림없다. 자녀나 부모님을 상대로 유머를 배달하는 것도 멋진 일이다.

'인스턴트' 행복과 '진짜' 행복

한때는 '성공'이 사회적인 화두였는데, 요즘은 너도나도 '행복'을 추구하느라고 분주하다. 가족을 연구하는 학자들도 과거에는 가족 문제나 사회적 병리 현상에 주목하고 그 원인이나 해결책을 찾는 데 골몰했다. 하지만 요즘은 '건강가족'적인 관점에서 행복하게 사는 가족의 특성과 공통점을 밝혀내고 일반 가족도 그런 특성들을 계속 키워나가면 행복한 가족이 될 수 있다고 주장한다. 앞에서 살펴본 행복한 가족의 일곱 가지 공통점을 우리 가족에게 적용하여 우리 가족만의 장점은 살리고 부족한 점은 보완해나간다면 행복한 가족을 만드는 일이 그리 어렵지만은 않을 것이다.

행복은 백화점에서 물건을 사듯이 살 수 있는 것도 아니고, 단시간 내에 행복한 가족이라는 목표 지점에 도달할 수 있는 고속도로가 있는 것도 아니다. 행복해야 한다는, 행복하게 보여야 한다는 강박관념에 사로잡혀 인스턴트 행복, 일회용 행복, 즉석 행복을 액세서리처럼 두르고 다니는 것은 아무 도움도 안 된다. 아니, 행복을 연기하는 것은 오히려 행복을 방해한다. 남들이 보건 말건, 알아주건 말건 진정으로 행복한 가족을 이루기 위해서는 가족 구성원 모두가 노력해야 한다. 누군가의 희생이나 절대 복종없이 가족 모두가 행복해 하는 진정한 '행복 가정'을 만들겠다는 마음가짐으로 꾸준히 노력하는 것만이 가족의 '진짜' 행복을 가꿔나가는 최선의 방법이다.

가정에도 경영 마인드가 필요하다

　쌓여가는 결재 서류에 이어지는 회의와 면담, 그리고 각종 행사의 '한 말씀'까지, 몸은 늘 피곤했지만 한 회사의 대표이사 자리가 나쁘지는 않았다. 400여 개 지점의 1만 5000명에 가까운 직원들의 대표이사였으니 주어진 권한과 혜택도 컸다. 비서와 기사, 차량에 골프회원권과 헬스권, 판공비 외에도 1997년 당시 연봉이 1억에 가까웠으니 적은 월급이 아니었다.
　일도 즐겁게 했다. 하지만 크게 행복하지는 않았다. 가장 중요한 것을 놓치고 있다는 느낌 때문에 늘 마음 한구석이 허전했던 것이다.

'회사를 경영하는 데 쏟는 열정과 시간의 2분의 1만 가정에 투자한다면 가히 혁명이 일어나지 않을까? 아니, 그 반의반만 가족을 위해 할애한다고 해도 가족이 얼마나 좋아할까?' 이런 생각들이 머릿속을 떠나지 않았다.

무엇보다 괴로운 것은 한 기업의 대표이사로서 내 생각과는 전혀 다른, 나아가 내 가치관에 반하는 의사 결정을 해야 하는 순간이었다. 경영적인 측면에서 보면 당연한 결정이요 합법적인 조치이긴 해도 당사자들에게는 모진 일일 수밖에 없는 일들로부터 벗어나고 싶다는 생각이 컸다. 일과 가정을 양립하기 쉬운 직업, 그리고 나이가 들어도 연륜의 깊이가 오히려 힘이 되는 일을 찾고 싶다는 욕구가 걷잡을 수 없이 커지고 있었다.

왜 가정경영이 필요할까?

1997년 12월 31일, 나는 결국 20년 가까이 몸담았던 회사를 그만두었다. 나 자신과 가족의 행복을 위해 이제는 우리 가정을 경영해보기로 결정한 것이다. 그때만 해도 '경영'이라고 하면 누구나 기업경영을 떠올리던 시절이었다. 요즘은 학교경영, 병원경영, 국가경영 등 다양한 분야에서 '경영'을 강조하고 있지만, 그 당시 내가 회사를 그만둔 이유가 '가정경영'이라고 하면 듣는 사람들마다 도무지 알 수 없는 소리라는 표정을 짓곤 했다.

하지만 나는 경영학을 공부하고 회사를 경영하는 동안 기업과 가정의 공통점을 발견할 수 있었다. 기업경영에 활용하던 몇몇 기법은 가정경영에도 정확히 부합할 수 있을 것으로 여겼고, 효율을 두고 얘기하자면 기업을 경영할 때보다 훨씬 작은 노력으로 큰 효과를 거둘 수 있으리라는 확신도 있었다. 그렇게 소박한 생각으로 시작한 것이 '가정경영연구소'였다. 나는 20년간 기업을 경영하면서 적용했던 방법이나 전략, 노하우를 가정에 적용하는 방법을 찾기 시작했다.

물론 지금처럼 사회가 복잡해지기 전에는 가정을 꾸리는 데 경영 마인드까지 필요하지는 않았을 것이다. 같은 마을에서 태어난 봉구와 점순이가 부모님이 짝지어주는 대로 결혼하여 평생 그 마을에서 농사를 짓다가 생을 마감했던 시절에는 '가정경영' 같은 것을 몰라도 사는 데 큰 지장이 없었다.

그때는 세계적인 불경기나 IMF 외환 위기도 없었고, 사교육 열풍이나 기러기 가족이나 다문화 가족도 없었으며, 은퇴 남편 증후군이나 명절 증후군 같은 것도 없었다. 설사 부모가 다소 미숙하더라도 할머니, 할아버지, 삼촌, 고모 들이 도와주었고, 부모가 일찍 세상을 떠나도 친척이 아이들을 거둬주어서 크게 문제 될 것이 없었다.

그러나 요즘처럼 하루가 다르게 변하는 세상에서는 그 변화에 맞춰 가정을 꾸리는 지식이나 전략이 필수적이다. 한 남자와 한 여자가 만나서 되는대로, 주먹구구식으로 살림을 꾸려나가기에는 세상이 너무 복잡해졌기 때문이다. 그러니 개인적으로는 엄청난 모험이라고 할 수 있었던 가정경영연구소가 큰 어려움 없이 오늘에 이른 것이다.

가정경영과 기업경영의 공통점

　가정경영이 기업경영과 크게 다르지 않을 것이라는 내 예상은 적중했다. 크고 작은 문제에 부딪쳐 고민하고 갈등하는 가정에 그 동안 내가 익히고 실천해온 경영 기법들을 제안하자 기대 이상의 성과가 나타나기 시작했다.

　가출한 자녀를 둔 가족, 자녀가 취직을 못하고 방에만 틀어박혀 있는 가족, 가장의 갑작스러운 실직으로 어려움을 겪고 있는 가족, 치매에 걸린 부모님을 모시고 있는 가족 등은 요즘 흔한 문제가 되었다. 그렇다면 이런 문제와 그 문제로 인해 파생되는 또 다른 문제들을 어떻게 해결해야 할 것인가, 바로 여기에 가족 전략이 필요한 것이다.

　기업들은 연말이 가까워오면 신년도 사업 계획서를 작성하고 결산을 하느라 분주하다. 가정에도 바로 이 같은 과정이 필요하다는 얘기이다. 가족을 위한 새해 계획서를 작성하고 결산을 해야 하는 것이다. 물론 기업경영과 한 가정을 꾸려나가는 것은 근본적으로 다르지만, 사업 계획서 작성이나 결산을 비롯한 목표 관리, 품질 관리, 고객 만족, 채용 관리 등의 개념은 얼마든지 가정에 적용할 수 있다.

　요즘 기업에서는 고객 만족과 고객 감동을 위해 끝없는 경쟁을 하고 있다. 그런데 이를 가족에게 적용하여 아내와 아이들을 고객이라고 생각한다면 그들이 남편과 아버지에게 얼마나 만족하고 있을까 생각해볼 수 있다. 품질 관리 또한 가족에게 적용해볼 수 있다. 국가적인 비상사태였던 IMF 외환 위기 당시 우리 가정들도 큰 어려움을 겪었다. 이때 온 가족이 똘똘 뭉쳐 난관을 극복한 가정이 있는가 하면 서로를 원망하고 비난하면서 불화를 겪다가 결국 해체된 가정도 있다. 아무 문제가 없다고 생각한 부부의 사랑과 믿음 그리고 가족애가 불량품이었는데 평소에 품질 관리를 철저하게 하지 않은 결과라고 할 수 있다.

지속가능경영, 투명경영, 윤리경영, 그리고 리더십 같은 것들도 조금만 관점을 바꿔보면 행복한 가정을 만드는 데 활용할 수 있는 좋은 전략이 된다. 부부나 가족 사이에도 투명경영, 윤리경영이 이루어지지 않는다면 그 가족은 결코 지속가능경영을 할 수 없다. 조직이나 기업에서 탁월한 리더십을 발휘하여 성과를 내고 존경받는 지도자가 가정에서는 아버지로서의 리더십, 남편으로서의 리더십이 부족하여 불행한 노후를 맞는 경우도 얼마든지 있다. 이제 더 이상 여자 혼자 힘으로 가정을 꾸려갈 수 있는 시대가 아니다. 부부라는 공동 대표가 뜻을 맞추고 힘을 모아 경영을 잘해야 행복한 가족을 이룰 수 있는 것이다.

비근한 예로 가장의 실직은 가족 모두에게 큰 스트레스가 된다. 하지만 이는 단순한 스트레스에 머물지 않고 가족의 생활 전반을 변화시킨다. 이후의 생계는 어떤 식으로 꾸려가야 할지, 아버지의 실직이 자녀의 교육에 어떤 영향을 미칠 것인지, 이 많은 변화를 감당하느라 발생하는 스트레스는 또 어떤 식으로 해소해야 할지 등등 가족생활 전반에 걸쳐 단기·중기·장기적인 계획을 세우고 구체적인 전략을 수립해야 한다.

이는 기업의 매출에 중대한 차질이 생겼을 때 기업이 비상 체제로 전환하는 것과 매우 비슷하다. 규모가 달라서 그렇지, 가정 역시 구성원들이 즐겁게 생활할 수 있는 환경을 만들고 행복이라는 이윤을 남겨야 한다는 점에서는 기업과 똑같다. 가정을 최소 단위의 기업이라 생각하고 경영의 개념을 도입한다면 즐거움과 행복을 만들어가는 구체적인 방법을 찾는 데 도움이 될 것이다.

가정경영의 출발점은 목표 세우기

가정경영의 출발점은 목표를 세우는 것이다. 목표 설정은 경영의 시작이며 완성이라고 할 수 있다. 기업에서는 양적 목표나 질적 목표를 수립하기 위해 수많은 회의와 조정을 거쳐 합의를 도출해낸다. 목표는 다시 연간 목표와 분기 목표, 월별 목표 등으로 나누어지며, 목표를 성공적으로 수행하기 위한 갖가지 전략들이 등장한다.

모든 업무 환경을 목표를 향해 재정비하고, 인센티브를 걸어 목표 의식을 북돋우기도 한다. 또 수시로 목표를 점검하여 수정, 보완하거나 목표를 예정대로 달성하지 못했을 때는 협의를 통해 새로운 목표를 설정하기도 한다. 목표 관리는 기업의 생존 근거가 되며, 조직의 발전을 이끄는 견인차이기 때문이다.

하지만 기업처럼 명확한 목표를 가지고 있는 가정은 별로 없는 것 같다. 또 일부 목표를 세우더라도 온 가족이 공유하며 함께 움직이는 힘이 부족한 경우가 많다. 게다가 가정의 목표라는 것이 대부분 주택 마련이나 자녀의 대학 진학 등에 한정되어 있어 가족 구성원 모두의 욕구를 반영하지 못하고 있는 실정이다. 실제로 상담실에서 만나는 사람들에게 가족의 목표가 뭐냐고 물어보면 확실하게 대답하는 사람이 없을 만큼 명확한 가족 목표를 가지고 있는 가정은 거의 없다.

"그냥 먹고살기도 바빠요. 내 집 마련도 꿈이나 꾸는 거지, 언제 될지도 모르겠어요."

"애 대학 진학보다 더 중요한 게 뭐가 있겠어요. 그때까진 아무 생각 없어요."

그러나 가족의 목표는 어떻게 하면 우리 가족이 더 즐겁고 행복하게 생활할 수 있을까 하는 질문을 중심으로 재정립되어야 한다. 내 집 마련도, 자녀의 대학 진학도 행복한 마음과 즐거운 생활 위에 쌓아가야 하는 장기 목표의 하나일 뿐이다.

가족 목표 수립의 원칙

가족 목표를 수립할 때는 구체적이고 실현 가능한 목표를 정해야 한다. 또한 목표를 달성했는지 못했는지를 측정할 수 있어야 실행력을 높일 수 있다. 그리고 반드시 그 목표를 언제까지 달성하겠다는 기한을 정해두는 것이 좋다.

이런 기준에 비추어보면 '가정에 좀 더 신경 쓰기, 건강에 더욱 힘쓰기, 자기 계발을 위해 최선을 다하기' 같은 목표는 적합한 것이 아니라는 것을 알 수 있다. 이런 목표는 추상적이고 애매해서 그 결과를 측정하기 어렵다. 최선을 다했는지 안 했는지, 신경 썼는지 안 썼는지를 전혀 측정할 수 없기 때문이다.

나의 경우 '일주일에 한 번 이상 장모님이나 어머님을 찾아뵙거나 전화로 인사드리기'라는 목표를 정해두고 꼬박꼬박 실천하고 있다. 이런 목표는 아내는 물론 양가 부모님도 기쁘게 하고, 아이들에게도 좋은 모범을 보일 수 있어서 좋다. 이 외에도 나는 '일주일에 네 번 가족과 저녁 식사 하기'라는 목표를 정해두고 꾸준히 실천하고 있다. 이는 한 회사의 대표이사로서 눈코 뜰 새 없이 바빴던 시절, 아빠랑 같이 밥 먹는 게 소원이라는 아이들의 이야기에 충격을 받고 시작한 것으로 벌써 십수 년에 이르고 있다.

물론 사회생활을 하다 보면 이런 사소한 목표는 실천하기 어려울 때가 많다. 하지만 중요한 것은 마음이다. "직장 생활 하는 사람이 어떻게 집에 와서 저녁을 먹느냐"고 투덜댈 게 아니라 저녁 식사와 술자리 약속이 많더라도 급한 일이 아니면 다음 주로 미루고, 저녁 약속이 넘치면 점심 식사로 일정을 변경하면 충분히 가능한 일이다.

'일요일 저녁은 온 가족이 함께 식사하기', '매일 줄넘기 100번 이상 하기', '결혼기념일엔 반드시 부부만의 시간 갖기', '한 달에 한 번은 온 가족이 서점 방문하기' 등의 목표를 세워두면 결과를 평가하기도 쉽고, 가족생활의 질을 높이는 데도 큰 도움이 된다.

'가족'에 대해 공부하라

그때 소희 씨는 열아홉 살, 민석 씨는 스무 살이었다. 형이 운영하는 피자집에서 아르바이트를 하던 민석 씨는 손님인 소희 씨에게 한눈에 반해 데이트를 신청했고, 소희 씨 역시 민석 씨의 서글서글한 눈매와 환한 웃음에 이끌려 쉽게 마음을 열었다. 스무 살의 연애는 보통 그렇게 이루어지는 법이니 별다를 건 없었다.

그런데 오래지 않아 두 사람 사이에 아이가 생겼다. 두 사람 모두 아직 어렸고, 특히 고등학생이었던 소희 씨에게는 감당하기 어려운 일이었다. 하지만 두 사람의 사랑은 흔들림이 없었고, 소희 씨가 졸업을 앞두고 있던 터라 별다른 고민 없이 결혼하기로 결정했다. 소희 씨의 부모님은 "저 속없는 것을 어떡하냐"며 몸져누웠지만 하루가 다르게 불러오는 소희 씨의 배 앞에서는 할 말을 잊은 채 고개만 가로저을 뿐이었다.

하지만 두 사람이 바로 결혼식을 올리고 번듯한 신혼살림을 차릴 형편은 아니었다. 양가 모두 넉넉지 않은 살림이었고, 소희 씨 역시 불룩한 배를 드러낸 채 웨딩드레스를 입고 싶지는 않았기 때문에 결혼식은 출산 뒤로 미루기로 했다. 소희 씨는 졸업식을 마치자마자 민석 씨 집으로 들어갔다. 고등학교 졸업식이 결혼식이 된 셈이었다.

난관은 바로 그날부터 시작되었다. 방 두 개짜리 16평 아파트에서 시부모님에, 결혼도 안 한 시아주버니까지 함께 사는 신혼 생활은 꿈속에서 그리던 달콤한 모습과는 달라도 너무 달랐다. 민석 씨가 형의 피자집 일을 돕고 용돈처럼 받아오는 월급으로는 아이의 기저귀와 분유 값을 대기에도 벅찼다. 게다가 동생 내외에게 방을 내주고 거실에서 생활하는 시아주버니는 소희 씨에게 부담스럽고 어렵기만 했다. 시부모님은 마음이라도 편히 지내라며 소희 씨를 다독여주었지만 옷 입고 씻는 것까지 일일이 시댁 식구들의 눈치를 봐야 하는 소희 씨의 입장은 여간 난처한 것이 아니었다.

소희 씨의 마음을 모르는 친구들은 대학생이 되어 미팅에, MT에 하루하루가 재미있어 죽겠다는 목소리로 전화를 걸어오곤 했다. "아기 잘 크니?" 하는 안부 전화조차 소희 씨에게는 자신을 놀리는 빈정거림처럼 여겨져 스트레스가 되었다. 답답한 시집살이에 한시도 아이 곁을 떠날 수 없는 자신의 처지가 한없이 처량하기만 했다.

게다가 첫째 아이가 돌도 안 되었을 때 둘째가 생기자 소희 씨의 욕구불만과 스트레스는 극에 달했다. 먹는 것으로 스트레스를 달래던 소희 씨는 여고 때는 상상도 할 수 없을 만큼 뚱뚱해져 있었다. 그렇다고 해서 친정에 도움을 청할 수도 없었다. 친정도 살림이 넉넉지 않은 데다 '공부는 안 하고 남자나 사귀고, 그렇게 반대했는데도 제 마음대로 결혼하더니 지금 와서 무슨 낯짝으로 손을 벌리느냐'는 부모님의 원성이 불을 보듯 뻔했기 때문이다.

한 방송 프로그램에서 만난 이 젊은 부부는 준비가 안 되어도 너무나 안 된 철부지 부부였다. 결혼의 의미가 무엇인지, 왜 내가 결혼을 하려고 하는지, 결혼을 통해 내가 얻고자 하는 것이 무엇인지를 진지하게 생각해보지도 않고 결혼을 선택한 결과였다. 이들은 결혼을 하고 나서도 남편의 역할, 아내의 역할이 무엇인지 몰랐다. 하물며 부모 노릇은 말할 것도 없었다.

가족생활 주기마다 풀어야 할 숙제가 다르다

결혼은 사랑에 빠진 연인들이 꿈꾸는 가장 아름다운 길이지만, 막상 결혼식을 올리고 '가족'이란 이름으로 하나가 되면 삶은 여러 단계에 걸쳐 각종 문제를 안겨준다. 인간이 발달단계에 따라 성장해나가는 것처럼 가족 역시 가족생활 주기에 따라 여러 가지 발달 과업을 부여받게 되는 것이다. 사칙연산을 할 줄 알아야 분수를 이해할 수 있고 분수나 방정식, 인수분해 등을 알아야만 미분이나 적분을 이해할 수 있듯이 주기마다 주어지는 숙제를 잘 수행해야만 그다음 과정의 적응이 순조로워진다.

가족생활 주기를 분류하는 방법은 학자마다 조금씩 다르지만, 나는 우리나라 실정에 적합한 모델로 6단계 주기설을 활용하고 있다. 6단계 주기설은 첫 자녀의 성장과 발달을 기준으로 한다. 먼저 제1단계는 결혼부터 첫 자녀 출산까지의 가족 형성기이고, 제2단계는 첫 자녀 출산부터 초등학교 입학까지의 자녀 출산 및 양육기이며, 제3단계는 첫 자녀의 초등학교 입학부터 고등학교 졸업까지의 자녀 교육기이다. 제4단계는 첫 자녀가 대학·취업·군 복무 시기에 있거나 또는 집안일을 돕는 시기의 자녀 성년기이고, 제5단계는 첫 자녀 결혼부터 막내 자녀 결혼까지의 자녀 결혼기이며, 제6단계는 막내 자녀 결혼부터 배우자 사망 및 본인 사망까지의 노년기로 분류한다.

물론 부부의 연령이나 자녀 출생 시기, 자녀의 수, 수명 등에 따라 가족생활 주기는 가족마다 조금씩 다르게 적용될 수 있다. 하지만 이 같은 가족생활 주기의 개념을 이해하는 것은 각 단계에서 발생할 수 있는 문제를 예측하고, 그에 따라 무엇을 준비해야 하는지, 문제를 해결하기 위해서는 어떻게 대처해야 하는지를 생각해볼 수 있는 기회를 가질 수 있다는 점에서 의미가 크다.

그냥 시간 가는 대로 살아도 한평생, 준비하고 계획하고 살아도 한

> **첫 자녀의 성장과 발달을 기준으로 한 가족생활 주기**
> - 제1단계 가족 형성기 : 결혼부터 첫 자녀 출산까지
> - 제2단계 자녀 출산 및 양육기 : 첫 자녀 출산부터 초등학교 입학까지
> - 제3단계 자녀 교육기 : 첫 자녀의 초등학교 입학부터 고등학교 졸업까지
> - 제4단계 자녀 성년기 : 첫 자녀가 대학, 취업, 군 복무 시기에 있거나 또는 집안 일을 돕는 시기
> - 제5단계 자녀 결혼기 : 첫 자녀 결혼부터 막내 자녀 결혼까지
> - 제6단계 노년기 : 막내 자녀 결혼부터 배우자 사망 및 본인 사망까지

평생이다. 하지만 그 결과는 결코 같을 수 없다. 살아가는 과정이 편안하고 즐거우며, 그 결과가 보람되고 만족스럽기 위해서는 폭넓은 시야를 통해 가족이 변화, 발전해가는 모습을 고찰할 수 있어야 한다. 이 같은 인식은 사람을 변화시키며 능동적으로 움직이게 한다. 문제를 예견하여 미리미리 해법을 모색하는 자세를 길러주는 것이다. 오늘의 작은 수고를 마다하지 않는 사람이 내일의 큰 행복을 얻을 수 있다는 소박한 진리를 알면 가족을 위해 오늘 내가 무엇을 해야 할지 알게 될 것이다.

우리가 '가족'을 공부해야 하는 이유

한번은 내가 주례를 섰던 두 쌍의 부부에게서 연달아 전화를 받은 일이 있다. 한쪽은 생후 6개월 된 아이를 둔 부부였고, 다른 한쪽은 출

산한 지 한 달밖에 안 된 부부였다. 그런데 한 달밖에 안 된 아기 뒤치다꺼리에 정신없다는 젊은 엄마에게, 앞서 전화가 왔던 가족에 대해 얘기를 했더니 "벌써 6개월이나 된 엄마는 애 다 키워놨으니 얼마나 좋겠어요!"라고 해서 속으로 크게 웃었던 기억이 난다.

고3 수험생을 둔 부모들은 '아이를 대학에만 보내놓으면 무슨 고민이 있을까' 하지만 그건 뭘 모르고 하는 소리이다. 대학생 자녀를 둔 부모는 '졸업만 시켜놓으면 아무 걱정이 없겠다'고 하고, 자녀를 대학까지 졸업시킨 부모는 '취직만 되면 제가 다 알아서 하겠지' 하며 한숨을 내쉰다. 그런가 하면 결혼 적령기의 자녀를 둔 부모는 이미 자녀를 결혼시킨 부모를 또 얼마나 부러워하는지……

사람은 누구나 '내가 가장 고단하고 힘들다'고 생각한다. 또 자신이 아직 겪어보지 않은 단계의 문제를 과소평가하기도 한다. 하지만 시간이 지나고 보면 그 모두가 착각이고 오해였다는 것을 알게 된다. 사람은 누구나 성장, 발달에 따라 각기 다른 과업을 부여받으며, 가족 역시 그 생활 주기에 따른 과제를 부여받게 된다. 이 과제에 있어 경중은 없다. 다만 그때그때 짊어져야 하는 짐이 있고, 치러야 하는 대가가 있을 뿐이다. 이때 주어지는 심리적 부담감이나 고통은 전 생애의 발달 과정이나 가족생활 주기를 이해하면 크게 줄일 수 있다. 지식이 세월의 힘을 얻어 지혜로 승화하는 것이다.

지금은 가족에 대해 강의를 하고 상담도 하고 있지만 29년 전 결혼할 당시만 해도 나는 가족에 대해 정말 아는 것이 없는 사람이었다.

중학교를 졸업하면 고등학교에 가고 고등학교를 졸업하면 다시 대학교에 입학하는 것이 당연한 일인 줄 알았고, 적령기가 되면 으레 결혼을 하고 가정을 이루면 당연히 아이가 생기는 것이라고 생각했다.

부부 관계에 대해서도 남자는 나가서 돈 벌고, 여자는 집에서 살림하고 아이 키우면 되는 것이라고 생각한 것이 내가 아는 전부였다. 신혼 시절의 나는 어린 딸아이를 돌보고 시어머니 눈치 보느라 마음 놓고 외출 한번 못하는 아내를 집에 두고 혼자 영화나 보러 다니는 철부지 남편이었다. 한밤중에 아이가 울기라도 할라치면 다음 날 피곤하다며 베개 들고 작은방으로 건너가던 이기적인 남편이었고, 식구들 앞에서 아내 입장을 대변해주는 것은 팔불출이나 하는 짓으로 알았던 한심한 남편이었다.

돌아보면 나는 운전면허증을 딸 때보다도 준비 없이 '남편'이 되고, 대학 입시 때의 반만큼도 공부를 안 하고 '아버지'가 된 건 아닌가 싶어 얼굴이 뜨거워질 때가 있다. 아내는 내게 아버지로서 결코 부끄럽지 않은 사람이라고 격려를 해주지만, 내가 아이의 발달단계에 맞춰 무엇을 챙겨줘야 하는지 좀 더 공부하고 준비했다면 우리 아이들을 지금보다 훨씬 더 훌륭하게 키웠을 텐데 하는 아쉬움이 남는 것은 어쩔 수가 없다.

사람은 끊임없이 배워야 한다. 특히 요즘은 부모 노릇을 제대로 하려면 배워야 할 것이 참 많다. 부모가 효과적인 공부 방법을 알아야 아이의 안정적인 성적 향상을 기대할 수 있고, 아이의 도덕성이나 창의성, 리더십 모두 부모가 뜻을 갖고 지도해야 이끌어갈 수 있다. 많은 부모들이 "너 공부 봐주다 내가 서울대 가겠다"며 한숨을 쉬거나 "애들 수행평가 때문에 체질에 안 맞는 음악회까지 다닌다"고 푸념을 늘어놓는 것도 다 이 때문이다. 이제 더 이상 자녀를 사랑하고 건강하게 키우는 것만으로는 훌륭한 부모가 될 수 없는 시대인 것이다.

화목한 부부 관계 역시 신뢰와 존중만으로 완성되지는 않는다. 남편과 아내가 집 안팎에서 어떤 일을 하고 있으며, 어떤 어려움을 겪고 있는지 알아야 진실한 공감과 위로가 가능하다. 남자와 여자가 생물학적으로 어떤 차이점을 갖고 있는지, 나이에 따라 심리적으로 어떤 변화를 겪는지 알아야 상대방을 이해하고 효과적으로 나를 전달할 수 있다. '나는 이렇게 노력하는데, 너는 도대체 뭐하고 있느냐'는 식의 일방적인 비난과 추궁은 소모적인 싸움만 일으킬 뿐이다. 나의 노력을 얘기할 때는 상대방의 노력을 먼저 살피고, 상대방의 무능함으로 탓하기 전에 자신의 역할을 돌아봐야 한다.

많은 사람들이 배우자나 자녀에 대해 "도대체 너를 이해할 수 없다"며 도리질을 하는 일들도 알고 보면 지극히 자연스럽고 당연한 일인 경우가 많다. 남녀 간의 차이점을 알면 그 동안 이상하게만 여겨오던 배우자의 행동을 거리낌 없이 받아들일 수 있게 되고, 성장기 아이의 발달단계별 특징을 알면 매를 들었음 직한 일도 너그럽게 웃으면서 넘길 수 있게 된다. 안다는 것은 바로 그런 것이다.

실제로 한두 가지 지식이나 정확한 정보만 알고 있어도 예방할 수 있는 자녀의 장애나 가족의 불행은 얼마든지 있다. 얼마 전, TV에서 아토피 피부염으로 고생하는 일곱 살짜리 딸에게 "면역 강화를 위해 영양 보충을 해야 한다"며 삼겹살을 구워 먹이는 엄마를 본 적이 있다. 엄마의 잘못된 지식이 아이의 피부병을 극단으로 치닫게 하는 경우였다. 사랑만 앞세우고 지혜가 부족하면 나도 모르는 새 자녀의 몸과 마음에, 배우자의 인생에 상처를 내게 된다. 가족에 대해 끊임없는 공부가 필요한 것은 이 때문이다.

'가족', 어떻게 공부할까?

요즘 많은 기업들이 '지식경영'을 외치고 있다. 정보화 사회, 지식사회에서 지식경영을 모르면 살아남기 어렵다는 자각 때문이다. 지식경영은 가정에도 얼마든지 접목할 수 있다. 행복한 가정을 꾸려나가는 데도 정보가 필요하고 지식이 필요한 것이다. 결혼의 의미나 배우자를 선택하는 방법도 배워야 하고, 부모가 되기 위한 정보도 수집해야 한다. 조종사에게 면허증이 없다면 그의 비행기에 오를 사람은 없을 것이고, 면허증 없는 의사에게 수술을 맡기고 수술대에 올라갈 사람 또한 없을 것이다. 하물며 누군가의 인생뿐만 아니라 그 자녀의 인생에까지 절대적인 영향을 미치는 부모의 역할은 말해 무엇하겠는가.

결혼해서 가정을 이루는 것이 전부가 아니며, 자식을 낳아서 탈 없이 키우는 것만이 부모 노릇이 아니다. 준비된 남편과 아내, 공부하는 부모가 되어야 가정을 행복으로 이끌 수 있다. 특히 부모가 되기 위해서는 체계적인 공부가 필요하다. 이제 더 이상 생물학적인 부모가 부모 자격을 담보해주지 못한다. 현대사회는 지식과 지혜를 바탕으로 자녀에게 모델이 되는 부모를 요구하고 있다.

자녀의 양육이나 교육뿐만이 아니다. 부부간에 대화를 어떻게 나누고, 고부간의 갈등은 어떻게 풀며, 중년기의 위기는 어떻게 넘겨야 할 것인지가 다 배우고 공부해야 할 내용이다. 은퇴 준비를 어떻게 하고 할머니와 할아버지의 역할, 이 시대에 맞는 시어머니와 시아버지의 역할은 또 어떻게 할 것인지도 배워야 한다. 죽음을 어떻게 준비하고 맞이할 것인지도 미리미리 학습하고 준비하지 않으면 품위 있게 죽기 어렵다.

그러나 이런 공부를 위해서 다시 대학에 입학하거나 두꺼운 전공 서적을 읽어야 하는 것은 아니다. 공부의 필요성이 커지는 만큼 그것을 공부할 수 있는 경로도 확대되고 있기 때문이다. 신문이나 책, 방송을 통해서도 지식을 얻을 수 있고, 그 내용을 소재로 가족 간에 대화를 나눠보는 것도 좋은 공부가 된다. 또 내 주변 사람들이 어떻게 살고 있는지 관심 있게 지켜보고 그 속에서 배울 점을 찾을 수 있다면 그들 또한 나의 교과서요 선생님이다.

중요한 것은 그 모든 일에 공부가 필요하다는 것을 인식하고 관심을 기울이는 것이다. 훌륭한 부모, 행복한 부부, 바람직한 자녀 등 화목한 가족을 만들기 위해서는 가족 구성원 모두가 가정 내에서 자신이 해야 할 역할이 무엇인지 정확하게 인지하고 그에 합당한 공부를 해야 한다. 단시간 내에 큰 지식을 얻을 수 있는 것은 아니지만, 하나라도 아는 사람과 그렇지 않은 사람의 차이는 크다. '작은 차이가 큰 변화를 만든다'는 공식은 가정에도 적용된다는 사실을 기억하기 바란다.

가족 혁명, 남편이 만든다

기말고사 준비에 바쁜 딸아이에게 격려의 말이라도 전하고 싶었던 상식 씨. 행여 공부에 방해될까 봐 살그머니 딸아이의 방문을 열었다.

"어머! 뭐야, 아빠! 나가! 나가, 빨리!"

뜻밖의 반응에 어안이 벙벙해진 상식 씨는 엉거주춤한 자세로 문고리만 잡고 서 있다가 말 한마디 못하고 뒤돌아섰다. 그런 상식 씨의 등 뒤로 비수가 날아와 꽂혔다.

"노크할 줄도 몰라? 교양 없이!"

순간 상식 씨는 가슴 한쪽이 서늘해지는 것을 느꼈다. 어디서부터 잘못된 것일까. 내가 무얼 잘못한 걸까. 속옷 차림도 아니고, 마침 옷을 갈아입으려던 차에 아빠가 방문을 열었다고 무슨 벌레라도 털어내듯이 그렇게 쏘아붙이다니…….

아내만 해도 그랬다. 작년부터 상식 씨가 하는 일마다 마음에 안 들어 하더니 요즘은 똥배에 대머리까지 외모를 가지고도 트집을 잡았다. 아들 녀석은 또 아들 녀석대로 밤 12시가 넘어서야 술에 취해 들어와서는 점심이 다 돼서야 일어나고…….

며칠 전에는 몇 달 만에 아내와 잠자리를 함께했는데, 이 녀석이 삽입하자마자 풀이 죽어버리는 게 아닌가.

"왜 그래?"

아내의 채근에도 도무지 기운이 살아나지 않는 것이었다.

"몰라. 그냥……. 배가 고파서 그런가 봐."

샐쭉한 표정을 짓고 있는 아내를 뒤로하고 거실로 나온 상식 씨. 불 꺼진 식탁에 앉아 식빵을 씹고 있는데 자기도 모르게 눈물이 쏟아졌다. 고개 숙인 남자, 젖은 낙엽, 은퇴 남편 증후군이 적지 않다더니 자신이 어느새 그 모양인가 싶어 비참하기만 했다.

상식 씨는 얼마 전, 구조 조정에 밀려 집 안에 들어앉은 상태였다. 처음에는 이참에 좀 쉬었다 가자 싶기도 했다. 하지만 막상 날이면 날마다 하루 종일 집 안에서 시간을 보내자니 그것도 고역이었다. 하루 세끼 아내와 얼굴 마주하고 밥 먹는 일도 왠지 불편하고, 소파에서 리모컨 쥐고 앉아 자식들 맞이하는 것도 어색하기만 했다. 왠지 남의 집에 놀러 와서 겉도는 사람처럼 마음을 붙이지 못했다. 지난 30년 동안 그래본 적이 단 한 번도 없었던 것이다.

직장 잃은 남자들이 가족에게 외면받는 이유

50대 후반에 직장을 잃은 상식 씨뿐만 아니라 30~40대에 직장을 잃고 방황하는 남성들이 많다. 등산도 하루 이틀이고 기원에 가서 바둑을 두는 것도 한두 번이지, 1년이 넘도록 백수로 있다 보면 가족 관계에 조금씩 금이 가고 결국은 가족이 해체되는 경우도 있다. 물론 이모든 책임이 남자들에게만 있는 것은 아니다. 세계적인 불경기와 무한 경쟁 속에서 살아남아야 하는 기업들의 구조 조정은 일개 개인의 힘으로는 맞설 수 없는 거대한 파도인 것이다.

그러나 사회구조적인 문제나 기업 문화만 탓할 수는 없는 것이, 돌아보면 한국 남성들의 잘못 또한 크다. '돈만 벌어다 주면 된다'는 생각으로 집안일이나 아이들 문제는 아내에게 맡겨두고 자신은 밖으로만 나돌았으니 집에서 보내는 모처럼의 시간이 가시방석인 것이다.

일이나 사업을 핑계로 자기가 좋아서 밤새 마신 술도 적지 않을 것이다. '남자가 그럴 수도 있지, 아내만 모르면 된다'는 생각으로 누군가와 부적절한 관계를 맺은 적도 있을지 모른다. 집안일과 아이들 뒷바라지로 힘들어하는 아내를 피곤하다는 핑계로 외면하기도 했을 것이고, 시댁과의 갈등으로 눈물 흘리는 아내를 보면서도 신경 쓰기 싫어서 피해버린 적도 많을 것이다. 아이들은 때려서라도 버릇을 고쳐

놔야 한다며 체벌을 넘어선 폭력으로 화풀이를 한 적도 있을 것이다. 그뿐만이 아니다. 주말이나 휴가 때 취미 생활이나 동호회 활동으로 집을 비운 적은 많아도 즐겁게 추억할 만한 가족 여행은 없고, 서로의 속내를 털어놓는 대화의 시간도 언제 가졌는지 기억이 가물가물할 것이다.

직접 자녀를 임신하고 출산하며 양육의 최일선에 있는 여자들에 비해 바깥 활동이 많은 남자들은 자녀와 물리적·심리적으로 떨어져 있을 수밖에 없다. 또한 남자들은 가정에서의 남편 역할과 아버지 역할, 문제를 대화로 풀어나가는 방법을 제대로 배운 적이 없고, 돈과 성공만을 강요하는 우리 사회는 은연중에 그것을 묵인해온 것이 사실이다. 그러니 오랜만에 돌아온 가족의 품이 따스한 것이 아니라 불편하고 어색한 것이다.

대부분의 남편들이 "평생 돈 벌어다 바쳤는데 얼마나 놀았다고 벌써 박대하냐"며 서운해한다. 자신이 평생 몸 바쳐 수고한 보람이 없다며 좌절감을 겪기도 한다. 하지만 가족은 돈을 못 벌어다 준다는 이유 하나만으로 남편이나 아버지를 외면하는 것이 아니다. 그 동안 부부 관계나 부모 자식 관계에서 쌓이고 맺혔던 감정의 앙금이 구박이나 무시로 나타나는 것이다. 생각해보라. 아내와 아이들을 누구보다 사랑한다고 얘기하지만 그들에 대해 무엇을 알고 있는지······.

철든 남편들, 가족과 함께하는 즐거움을 먼저 챙긴다

요즘은 기업 차원에서 직원들의 가족을 배려하는 정책을 펼치는 경우가 많다. 집안이 편안해야 직원이 자기 일에 몰두할 수 있고 회사의 생산성과 경쟁력도 높일 수 있다는 깨달음을 얻은 것이다. 그 결과 회사에 대한 직원들의 만족도와 충성심은 높아지고, 결근이나 이직률은 낮아진다는 연구 결과도 있다. 그런가 하면 가족에게 좀 더 충실하기 위해서 더 높은 자리나 수입을 마다하고 가정으로 돌아가는 사람도 있고, 아예 집안 살림을 도맡아 하는 전업주부 남성도 증가하고 있다.

최근에는 아이들에게 한두 가지 음식은 해줄 수 있는 아빠, 한 끼 정도는 스스로 해결할 수 있는 남편이 되기 위해서 요리 학원을 찾는 남성도 부쩍 늘었다. 주말이면 엄마에게 휴가를 주고 아이들과 함께 놀이 학교나 공연장을 찾는 아빠도 많아졌다. 우리 때만 해도 상상할 수 없는 일이지만 육아 일기를 쓰는 아빠도 많고, 아기를 안고 놀이동산이나 쇼핑센터를 찾는 아빠의 모습도 이젠 낯설지 않다. 자신의 스케줄에 앞서 가족의 스케줄을 확인하고, 자신의 휴식보다 가족의 즐거움을 먼저 생각하는 배려의 마음이 가족의 행복을 만들어가고 있는 것이다.

요즘은 밤늦도록 이어지는 술자리도 많이 줄어들었다. 넥타이 풀어 이마에 동여매고 혁대 풀어 노 젓는 일로 술집에서 밤을 새우며 노는 즐거움도 크다. 하지만 가족과 함께하는 기쁨을 맛보면 아이들 학원 끝나는 시간에 맞춰 일찌감치 퇴근하고 싶어지게 마련이다. 입으로야

"하루 종일 일에 시달리느라 피곤해 죽겠는데 집에 와서까지 애들하고 놀아줘야 하느냐"고 불평을 하지만 아이들과 함께 놀면서 즐거워하는 아이들 표정을 보고 있노라면 모든 피로가 씻은 듯이 사라지는 것을 느낄 수 있다. 복잡한 바깥일을 잠시 접어두고 가족과 함께하는 시간이야말로 최고의 휴식인 것이다.

나도 요즘 '내가 먼저 시동 걸지 않기'를 실천하고 있는데, '오늘 출근하고 오늘 퇴근하자'는 원칙을 정해두고 생활하다 보니 전에 비해 술자리나 저녁 모임이 많이 줄었다. 2차, 3차로 이어지는 술자리는 삼가고, 정 아쉬울 때는 노래방으로 대신한다.

또 반드시 술을 곁들여야 하는 자리가 아니면 영화나 공연을 보러 가자고 제안한다. 물론 남자들끼리 무슨 연극이냐고 손을 내젓는 사람도 있지만 처음 한두 번이 어렵지, 일단 억지로라도 끌고 가보면 오히려 더 좋아하는 경우도 많았다. 더 관심이 있는 사람들을 위해서 워크숍도 개최해봤는데, 그렇게 시작한 자리가 다시 부부 모임으로 발전해 큰 호응을 얻기도 했다. 남편의 작은 변화가 가정에 대홧거리를 만들어주고 부부 사이를 더욱 부드럽게 만든다는 것이다.

상황이 껄끄러울수록 남편이 먼저 손을 내밀어라

나도 실천하고 있고 상담실에서도 종종 제안하는 방법을 몇 가지 더 얘기하자면, 먼저 가족을 위한 접대비를 책정할 것을 권한다. 나는 직업상 누구를 접대하거나 접대 받을 일이 거의 없다 보니 가족이 최고의 접대 대상이다. 그래서 매달 내 용돈의 일부를 떼서 가족과의 식사나 영화 관람에 쓰고 있다. 업무 실적을 올리거나 프로젝트를 따내기 위해 고객을 접대하는 일도 중요하지만, 가족이야말로 가장 소중한 고객이라고 생각하고 극진히 모신다. 세상에서 제일 편한 게 가족인데 가족에게 무슨 접대냐며 거부감을 나타내는 사람도 있지만, 가족이 즐겁고 행복해하는 모습을 보는 것이 얼마나 큰 기쁨인지 몰라서 하는 소리이다.

또 한 가지 권하고 싶은 것은 '거꾸로 작전'이다. 나 역시 더러는 아내와 다투기도 하고 언성을 높이는 일이 있는데, 그런 날은 퇴근 시간이 되어도 집보다는 술 생각이 앞선다. 하지만 그런 때일수록 오히려 평소보다 더 일찍 집에 들어간다. 전 같으면 으레 한잔 걸치고 밤늦게 들어갔을 법한 상황인데도 간식거리를 사들고 미소를 띠며 들어간다. 그러면 아내는 아내대로 '저 사람이 노력하는구나' 싶은지, 아직 화가 채 안 풀렸더라도 웃으며 나를 반겨준다. 이런 작전은 쉽지는 않지만 노력에 비해 효과가 크다.

어느 집이나 마찬가지이다. 상황이 껄끄러울수록 남편이 먼저 손을 내밀어야 한다. 아주 작은 배려에도 아내는 감동하고 더 많은 것, 더 큰 것을 내준다. 서로 주고받는 양이나 크기가 중요한 것은 아니지만, 남편이 아주 작은 아량만 베풀어도 아내와 가족이 확실히 달라진다. 아내이며 어머니인 여자들은 남편이 건넨 한 조각의 배려나 아량을 큼지막한 파이로 바꾸는 마법을 알고 있기 때문이다.

'일'과 '가족'의 균형 맞추기

업무량이 과중하고 스트레스가 많다 보면 일과 가족 간의 균형을 맞추기가 쉽지 않다. 일터에서 하루 종일 피로가 누적되다 보니 집에 오면 그저 눕고만 싶고, 어쩌다 시간이 나더라도 부족한 잠이나 보충했으면 싶은 마음이 앞서곤 한다.

그러나 항상 실천하지는 못하더라도 일과 가족 간의 '밸런스 경영'을 잊어서는 안 된다. 일과 가족의 비율을 어느 정도로 맞춰야 밸런스가 맞는지 딱히 정해져 있는 것은 아니지만, 항상 가족을 생각하고 지나치게 일이나 술, 친구나 취미 생활 중심으로 사는 것을 경계한다면 일과 가족 간의 균형을 잡고 사는 데 조금이나마 도움이 되지 않을까 싶다.

나 역시 소장과 교수, 남편과 아버지, 그리고 아들과 사위, 친구와 동생 등 참 많은 역할을 수행하고 있지만 그 역할 간의 균형을 잃지 않으려 애쓰고 있다. '비서나 기사를 따로 두어야 할 만큼 바쁘게 살지 않기'를 열심히 실천하면서 삶의 속도를 조절하고 있다. 이를 위해 나는 내가 왜 이렇게 바빠야 하는지, 내가 이 시간에 술을 마시고 있는 진정한 이유가 무엇인지를 수시로 자문하곤 한다. 진정한 부자는 많이 가진 사람이 아니라 자신만의 여유로운 시간을 어떻게 하면 알차고 즐겁게 보낼까를 고민하는 사람이라는 것을 잘 알기 때문이다.

나는 내가 살고 있는 건물 안에 연구소를 두고 있다. 집은 15층에, 연구소는 4층에 있으니 출퇴근의 부담이 없고, 필요할 때면 언제든 연구소나 집을 오갈 수 있다는 생각에 마음의 짐이 한결 가벼워지는 것을 느낀다. 번잡한 모임이나 행사의 유혹, 직책에 대한 욕심을 내려놓고 삶의 속도를 내 마음대로 조절하며 살 수 있다는 것이야말로 내가 자랑할 만한 최대의 자산인 셈이다.

집에 갖고 갈 에너지는 남겨라

자신이 갖고 있는 에너지를 밖에서 다 소진해버리면 안 된다. 오직 성공만이 살길이라며 뒤도, 옆도 안 돌아보고 내닫는 동안 정말 중요한 것을 잃어버릴 수도 있기 때문이다. 성공이 목표라면 그 성공은 무엇을 위한 것인가. 가족과 함께 행복하게 산다는 최종 목표를 망각한 채 눈앞의 성공에만 연연한다면 궁극의 가치에는 절대 도달할 수 없다.

지금은 그럴 때가 아니라고 말하는 사람이 있을지도 모르겠다. 일이고 돈이고, 승진이고 성공이고 다 때가 있는 법이니 지금은 앞만 보고 달려야 한다고 말이다. 하지만 때를 놓쳐서는 안 되는 것이 있으니, 그것이 바로 건강이며 가족이고, 신뢰이며 사랑이다. 승진은 때를 놓치면 다음 기회를 기다릴 수 있고, 성공 역시 때를 놓치면 다른 길을 찾아보면 된다. 하지만 가족의 사랑과 행복은 한번 놓치면 회복하기가 어렵다. 그러니 부디 자신이 가진 에너지의 3분의 1, 4분의 1, 10분의 1만이라도 남겨 갖고 들어가 그 에너지를 가족과 함께 나눠보기 바란다.

부부 관계나 부모 자식 관계도 일종의 권력 관계로 볼 수 있다. 그런데 나이가 들수록 권력의 중심은 서서히 남편에게서 아내와 자식들에게로 넘어가게 된다. 이때 방심했다가는 자칫 레임덕 현상이 발생할 수 있다. 아직 힘이 남아 있을 때, 아직 가장으로서 권위가 남아 있을 때 자신의 힘을 좀 더 선하게 사용하는 것만이 행복한 노후를 보장받는 방법이다.

아내에게 점수를 따기 위해, 노후에 자식들에게 업신여김을 당하지 않기 위해 가족을 배려한다고 생각하면 비참하고 초라한 생각이 들지도 모르겠다. 하지만 가족의 행복을 위해서 내가 먼저 '변화경영'의 지혜를 발휘하고 있다고 생각하면 오히려 뿌듯한 자부심을 느낄 수 있을 것이다. 온 가족이 다 함께 행복한 가정을 만들기 위해 이젠 남편들이 뭔가를 보여줄 때다. 남편이 변하면 가정에 혁명이 일어난다.

312-212, 211-210, 111-110 원칙

저녁에는 가급적 일찍 들어와 가족과 함께 시간을 보내며 다음 날을 준비하는 것이 좋다. 이때 활용해볼 만한 것이 312나 212, 211이나 210, 아니면 111이나 110이라는 원칙이다. 312는 일주일에 저녁 약속을 세 번 이내로 하고 늦어도 밤 12시까지는 귀가한다는 의미이고, 211은 일주일에 두 번 이내의 저녁 약속에 밤 11시까지는 귀가한다는 뜻이다. 이런 식으로 원칙을 만들어놓으면 일과 가정의 양립을 꾀하기가 조금은 수월해질 것이다. 특히 저녁 약속이 많은 남편이라면 꼭 한번 도전해봄 직하다.

가족의 행복, 치료가 아니라 예방이다

전반적인 경기 침체 때문인지 요즘은 청첩장을 고지서라며 부담스러워하는 경향이 있다. 하지만 나는 소중한 사람의 결혼식에 초대를 받으면 즐거운 마음으로 참석해 결혼식 자체를 즐기는 편이다. 그래서 언제나 예식 시간보다 빨리 가서 신랑, 신부와 인사를 나누고 식이 다 끝날 때까지 자리를 지키고 앉아 두 사람의 결혼을 진심으로 축하해준다.

그런데 결혼식을 보다 보면 어김없이 내 결혼식 장면이 떠오르곤 한다. 그때는 긴장이 되어 주례 말씀이 제대로 귀에 들어오지도 않았지만, 이제 와서 다른 사람들의 결혼식 주례사를 듣고 있으면 가슴에 와 닿는 말이 참 많다. 무엇보다 29년 동안의 내 결혼 생활을 점검해 보라는 말처럼 들려서 예사롭지가 않다.

하지만 영원히 사랑하겠다던, 행복에 겨워 어쩔 줄 모르던 부부도 부부 싸움을 하고 이혼을 하기도 한다. 하루라도 못 보면 죽을 것만 같아서 결혼한 사람들이 다시는 보지 말자며 원수가 되기도 한다. 그렇게 사랑하고 의지했던 두 사람이 하루아침에 돌변해서 헤어지는 것은 아닐 텐데, 그 과정에서 미리미리 문제를 진단하고 해결해나갈 수는 없었을까. 이혼이라는 최후의 수단을 선택하기까지는 심각한 경계 경보가 수없이 울렸을 텐데 말이다.

왜 우리는 그 같은 경보를 듣지 못하거나 무심히 넘기고 뒤늦게 후회하는 것일까. 건강을 지키기 위해서는 별 이상이 없을 때도 미리미리 건강검진을 받아두고, 소화불량이나 미열 같은 작은 신호도 민감하게 포착해서 큰 병을 미연에 방지하는 것이 지혜가 아니던가. 가족 간의 불화도 마찬가지이다. 가족의 행복은 행복할 때 더욱 견고하게 다져두어야 하며, 작은 신호만 눈에 띄어도 순발력 있게 대처해 문제가 커지는 것을 막아야 한다.

예고편 속에 숨어 있는 예방책

다행히 가족 간의 문제에 천재지변은 없다. 모든 문제가 조금씩 징후를 보이며 커지다 한계점에 이르면 폭발하는 것이기 때문에 극단적인 문제를 예방할 기회는 수시로 주어진다. 그것을 알아채고 적극적으로 대처하는 가족은 가족 해체 같은 큰 고비를 지혜롭게 비켜갈 수 있는 것이다.

예를 들어 자녀의 흡연이라는 문제가 발생했다고 하자. 청소년들의 흡연은 그 시작이 빠를수록 건강에 치명적이며, 비행으로 빠지는 가장 흔한 관문이다. 그렇기 때문에 자녀가 담배를 피운다는 단서가 발견되면 단호하게 대처하여 초기에 끊게 하는 것이 매우 중요하다.

"밖에서만 피우는데 어떻게 알아요? 가방 검사라도 해야 하나요?"

이런 식으로 되묻는 부모는 자녀에 대해 보다 세심한 관찰력을 발휘해야 한다. 자녀의 흡연은 평소 생활 습관을 관찰하는 것만으로도 얼마든지 알아챌 수 있기 때문이다. 예를 들면 갑자기 껌을 자주 씹거나 양치질을 하는 경우, 갑자기 부모 곁으로 잘 오지 않으려고 하는 경우 등은 1차 점검 대상이다. 또 말을 할 때 이유 없이 고개를 돌리거나 입을 크게 벌리고 얘기하기를 꺼려하며, 밤에 잠깐씩 나갔다 들어오는 행동 등이 흡연의 단서가 된다. 이런 단서들을 조기에 발견하여 지혜롭게 대응하면 자녀를 흡연의 폐해로부터 지킬 수 있다.

자녀의 가출이나 자살도 마찬가지이다. 특히 청소년들이 이 같은 문제를 벌일 때는 극단적인 선택 이전에 수많은 암시와 구원의 손짓을 보내는 것이 보통이다. 그런데 그런 조짐을 주의 깊게 보지 않거나 무시하고 문제를 방치하기 때문에 일을 크게 만드는 것이다. 모든 문제에는 그 징후를 알리는 신호가 있게 마련인데 그 신호를 받아들이는 센서나 자동 경보기를 고장이 난 채 방치하면 어느 날 갑자기 큰 문제가 발생한 것처럼 느껴진다.

하지만 예고편 없이 급작스럽게 벌어지는 가족 문제란 있을 수 없다. 술자리나 야근을 핑계로 남편의 귀가가 늦어지고, 특별한 이유 없이 외박을 하거나 별것 아닌 일로 부부 싸움을 하며 폭언과 폭력이 오간다면 부부 문제에 빨간불이 켜졌다고 볼 수 있다. 또 이유 없이 아이들이 밉거나 짐스럽게 느껴지며, 아이들 역시 방에 들어가기 바쁘게 문을 걸어 잠그고 부모가 뭐라 하건 대답 한마디 안 하려 든다면 부모 자식 간에 문제가 벌어질 수 있다는 조짐으로 받아들여야 한다. 뿐만 아니라 남편이나 아내가 매사를 귀찮아하고 아무런 의욕이 없다면 이 역시 위험한 신호로 받아들이고 적극적으로 대처해나가야 한다. 사전에 이루어지는 예방은 이미 일이 벌어진 뒤에 처방받는 그 어떤 치료보다 쉽고 효과적이기 때문이다.

문제 해결의 결정적 시기를 놓치지 마라

30대 중반의 큰아들이 알코올중독에 빠져 결혼도 하지 않고 일도 하지 않으려는 통에 고민인 가족이 있었다. 모든 점에서 우수한 작은아들과 달리 어릴 때부터 소심하고 말이 없었던 큰아들은 아버지에게 맞기도 많이 맞았다. 똑똑하고 눈치 빠른 작은아들은 영리하게 매를 피해갔지만, 늘 주눅이 들어 있던 큰아들은 공부도 작은아들보다 못했고 어렵게 시작한 대학 생활에도 적응을 하지 못해 아버지의 분노를 샀다. 대학을 졸업한 후에는 또 직장 생활이 문제였다. 어렵게 들어간 직장도 1~2개월을 못 버티고 그만두는 통에 나중에는 더 이상 갈 곳이 없는 상황이 되고 말았다.

이 큰아들을 힘들게 한 것은 사업에 실패한 후 늘 술에 빠져서 산 폭군 같은 아버지였다. 아버지의 폭력과 술주정을 제어하지 못하고 신세타령을 하며 세월을 보낸 어머니에 대한 원망도 컸다. 하지만 어느 순간 그 역시 술에 의지하게 되었고, 어머니를 폭행하는 일까지 벌였다. 어머니는 아들이 무서워 몰래 술을 사다 주고, 아버지는 술에 취한 아들에게 폭력을 휘두르는 악순환이 계속되었다. 먼저 결혼한 작은아들은 이런 모든 문제를 외면한 채 남처럼 살아가고 있었다.

이 가족의 문제가 이처럼 심각해진 데는 여러 가지 이유가 있을 수 있다. 하지만 그 과정 중에는 분명 문제가 극단적으로 커지는 것을 막

감정의 쓰레기 버리기

누구를 미워하는 감정, 억울한 심정, 치밀어 오르는 분노, 배신감 등 소화가 안 되는 감정들이 마음속에 쌓이면 결코 행복할 수 없다. 우리가 수시로 쓰레기통을 비우고 용변을 보듯이 부정적인 감정의 쓰레기도 자주자주 버려야 한다. 열심히 운동한 뒤 땀과 함께 씻어 보내거나 노래방에 가서 큰 소리로 노래 부르면서 날려버릴 수 있다면 얼마나 좋을까? 자신의 부정적인 감정을 노트에 있는 그대로 다 쓴 다음, 그 종이를 찢어버리거나 태우는 것도 한 방법이다. 또는 부정적인 감정을 세탁기에 빨래와 함께 넣어 빨아버릴 수만 있다면 그것도 훌륭한 능력이다. 나만의 독창적인 방법으로 부정적인 감정의 쓰레기를 매일매일 버리도록 하자.

을 만한 기회가 얼마든지 있었을 것이다. 아버지가 자신이 자식에게 상처를 준 것은 없는지 돌아보고 한 번만이라도 큰아들에게 진심으로 사과했다면, 어머니가 극도의 무력감에서 벗어나 어머니의 역할을 좀 더 적극적으로 했더라면 결과는 크게 달라졌을 수 있다. 또 작은아들이 가족 문제를 외면하지 않고 전문가에게 도움을 청했다면 이 가족이 서로 고통 속에 남처럼 살아가는 일은 없었을 것이다.

문제를 문제로만 받아들이지 않고 그 원인을 파악하여 해법을 찾으려 한다면 파괴적인 방법으로 서로에게 상처를 입히다 파국을 부르는 일은 면할 수 있다. 하지만 서로의 상처를 보듬을 수 있는 결정적인 시기를 놓치게 되면 나중에는 원인과 해법을 알고서도 그것을 바로잡고 싶은 마음 자체가 없어져버려 되돌릴 수 없는 상황에 이르고 만다. 가족 문제는 언제나 문제가 벌어지기 전에 해결해야 하며, 그 같은 문제가 생기게 된 근본적인 원인을 찾아 치료해야 한다.

건강검진이 건강할 때 필요하듯 가족 문제도 마찬가지

최근 들어 예방의학이 주목을 받고 있다. 일반 의학이 아픈 사람을 치료하는 데 주력하는 반면 예방의학은 질병의 발생을 예방하는 데 그 목적이 있다. 즉 질병에 걸리기 전에 미리미리 점검해서 병이 생기지 않도록 하자는 것인데, 이 과정에서 예방하거나 조기에 발견해 치료할 수 있는 질병이 적지 않다. 암만해도 조기에 발견하면 생존율이 높다. 위암 같은 경우 조기에 발견하면 5년 이상 생존율이 80~90%

를 육박한다. 그러니 건강할 때 받는 건강검진이 얼마나 중요하겠는가.

가족의 문제도 이와 비슷하다. 어떤 위기나 시련이 닥쳐도 흔들림 없이 헤쳐나갈 수 있다는 가족에 대한 믿음과 끈끈한 가족애 역시 평소에 길러두어야 한다. 겉으로는 별문제가 없어 보이는 부부나 가족이라도 문제가 발생할 수 있는 가능성은 항상 열려 있기 때문이다. 문제를 문제로 인식하지 못하고 사소한 문제를 효과적인 방법으로 대응하지 못하면 작은 갈등이나 난관 앞에서도 금세 금이 가고 해체될 수 있는 것이 가족 관계이다.

평소에 남편 또는 아내가 힘들어하는 일은 없는지, 자녀에게 새로운 고민거리가 생기지는 않았는지, 부모님이 어디 불편한 곳은 없는지 모든 가족이 서로의 몸과 마음을 살펴 문제의 소지를 찾아내 제거하고 더 좋은 환경과 관계를 만들기 위해 애쓴다면 감당할 수 없는 큰일에 직면할 일은 없을 것이다.

남편의 귀가가 이유 없이 늦어지고 있는데도 "저 인간은 왜 저렇게 술을 좋아해?" 하며 비난만 하거나, 자녀가 밤새도록 게임을 하고 늦잠을 자는데도 방치한 채 "너 그러다 맞는다"라는 정도로 가볍게 대응하는 선에서 그친다면 남편의 외도나 자녀의 게임 중독을 부추기는 결과를 불러올 수도 있다.

영국에서 공부할 때 나는 아내와 함께 아이들을 데리고 런던에서 스코틀랜드까지 700km가 넘는 대장정의 길을 자동차로 여행한 적이 있다. 모처럼 가족과 함께 추억을 만들어보자는 계획이었다. 그때 스코틀랜드의 수도 에든버러를 지나 고속도로를 달리는데 갑자기 앞이 보이지 않을 정도로 폭우가 쏟아지기 시작했다. 아이들까지 대동하고 나선 길이다 보니 여간 난감한 일이 아니었다. 그런데 공교롭게도 운전석 쪽의 와이퍼가 작동이 안 되는 게 아닌가. 낯선 길에서 눈을 감고 운전을 하는 꼴이었다. 조수석에 앉아 있던 아내의 도움을 받아가며 가까스로 휴게소에 차를 세우고 와이퍼를 갈아 끼웠지만, 그날의 경험은 지금 생각해도 아찔하다.

가족 관계도 크게 다르지 않다. 당장 비가 오지 않는다고 방심해서는 안 된다. 가족은 700km의 여행과는 비교할 수도 없는 장거리 여행을 함께해야 하는 사람들이다. 대형 사고로 이어지는 브레이크 고장이나 배터리 방전 같은 치명적인 고장뿐만 아니라 와이퍼가 제대로 작동하지 않거나 에어컨이 시원찮거나 창문이 잘 닫히지 않아도 곤혹스럽기는 마찬가지이다. 그러니 평소에, 별문제 없다고 느낄 때 점검하고 관리해야 하는 것이 가족이다.

가족에게서 나타나는 작은 변화도 금방 간파해내고 이상 기미를 보이는 작은 단서도 민감하게 받아들여 의미 있게 해석할 줄 아는 능력은 가족 문제를 예방하는 최고의 백신이라고 할 수 있다. 그것은 바로 가족에 대한 관심과 사랑에서 나오는 것이다. 가족을 향해 항상 레이더를 열어두고 있으면 자신도 모르는 사이에 그런 작은 징후들을 감지하게 될 것이다.

가족을 지켜주는 상담의 힘

아버지의 과음과 폭력으로 가족이 해체되기 직전까지 간 가정이 있었다. 오랜 세월 아버지의 폭력에 시달리면서 극도의 무력감과 우울증으로 고생하는 어머니를 보다 못한 대학생 딸이 상담을 신청해온 케이스였다. 고등학생인 남동생이 있지만 동생도 어렸을 때부터 아버지에게 맞고 자란 탓에 아버지 앞에서는 꼼짝도 못한다고 했다. 딸은 엄마가 왜 저렇게 사는지 모르겠다고, 자기 자신만 생각하면 집을 나가 따로 살고 싶지만 그럴 수도 없다며 답답한 마음을 털어놓았다.

물론 어머니 역시 이혼을 생각해보지 않은 것은 아니었다. 하지만 아버지가 술이 깨면 다시는 안 그러겠다고 싹싹 비는 데다 고위 공무원이다 보니 사회적 지위 때문에 이혼도 쉽지 않았다. 그러니 속사정을 전혀 모르는 사람들 앞에서는 계단에서 넘어져 다쳤다고 둘러대거나 선글라스와 머플러로 상처를 감추어야만 했고, 심지어는 일가친척들 앞에서 이런 일은 입 밖에도 내지 못했다.

이 가족을 상담하는 일은 쉽지 않았다. 어머니가 이런 속내를 털어놓는 것 자체를 '집안 망신'이라 여기며 입을 굳게 다물고 있어서 마음의 문을 열게 하는 것이 힘들었다. 하지만 "아이들을 위해서, 무엇보다 남편을 위해서 반드시 상담을 받아야 한다"는 말에 동의한 어머니는 상담을 시도해보기로 결정하기에 이르렀다.

남은 문제는 아버지였다. 문제의 한 축인 아버지의 협조를 기대할 수조차 없는 상황이다 보니 전략적인 접근이 필요했다. 그래서 두 모녀와 함께 방법을 논의한 끝에 아버지를 증오하고 따돌리거나 가해자로 몰아세우지 말고, 아버지에게 직접 '우리 집이 행복해지기 위해서는 반드시 아버지의 협조가 필요하다'는 식의 도움을 요청하기로 했다. 하지만 아버지는 "내가 왜 그런 데 가야 되느냐, 그런 데 간다고 문제가 해결되느냐, 시간과 돈이 아깝다"며 펄펄 뛰었다. 그러나 그 역시 '아이들을 위해서'라는 대목에서 마음의 빗장을 풀었다. 아버지의 폭력이 아들에게 세습되어서는 안 된다는 간곡한 설득이 효과를 발휘한 것이다.

얘기를 나눠보니 이 아버지 역시 성장기에 아버지의 폭력으로 상처

받은 피해자라는 사실이 드러났다. 그도 갈등이나 불화를 대화로 해결하지 못하고 감정과 분노를 폭발시키는 자신이 꼭 자기 아버지를 닮은 것 같아서 괴로웠다고 말했다. 그러면서 자신의 폭력성이 아들에게까지 세습될 수 있다는 생각을 하면 두렵다고 덧붙였다. 그는 이런 얘기를 누군가에게 털어놓는 것이 처음이라며 눈물을 흘렸다.

이렇게 온 가족이 마음의 문을 열고 나니 문제는 한결 쉽게 풀리기 시작했다. 5개월 정도의 긴 상담이 이어졌지만 부부와 자녀들의 적극적인 참여와 실천으로 그 가족은 몰라보게 달라졌다. 이 가족은 문제를 쉬쉬하며 감추고, 상대방을 비난하고, 극단적인 방법으로 문제를 키우기만 했던 자신들의 방식이 얼마나 잘못되었던가를 깨닫는 다시 없는 기회였다고 전했다.

가족 문제의 해결사가 필요한 순간

대학생 아들과 딸을 둔 주부 명순 씨도 오랫동안 혼자서만 속앓이를 해온 케이스였다. 명순 씨는 농사를 짓는 집안의 맏며느리였는데, 부모 봉양과 힘든 일을 도맡아 하면서도 맏며느리로서의 권리를 인정받지 못하고 의무만 강요당하는 전형적인 경우였다.

특히 명절이나 제사 때면 음식 장만에 가족 뒤치다꺼리에서 오는 스트레스를 견디느라 죽을 맛이었다. 모처럼 내려오는 동서는 직장에 다닌다는 핑계로 전날 저녁에야 얼굴을 내미는 것이 전부였고, 시누이들도 아예 놀다 갈 심산으로 아랫목을 차지하고 누워 손가락 하나

까딱 안 하는 것이 가족 문화로 굳어진 집안이었다. 시어머니는 동서나 시누이들이 돌아갈 때면 뭐든 못 싸줘서 안달이었지만, 정작 25년을 모시고 산 맏며느리에게는 냉랭하기만 했다. 명순 씨는 그나마 자식들이 "엄마는 왜 그렇게 살아? 엄마도 이젠 그만 좀 참고 할 말은 하고 살아" 하며 따뜻하게 감싸주는 말에 다소 위로를 받지만, 맏며느리의 도리만 주장하는 남편이나 시어머니를 생각하면 계속 이렇게 살아야 하나 하는 생각이 들 때가 많았다.

힘들고 억울한 일이 있을 때 혼자서 끌어안고 괴로워하는 것으로는 절대 문제를 해결할 수 없다. 참고 덮어두는 것은 오히려 마음의 병을 키우는 일이다. 그러니 가장 가까운 가족인 남편에게 먼저 자신의 고충을 털어놓아야 한다. 문제를 정확하게 얘기하지도 않으면서 남편이 자신의 마음을 몰라준다고 원망하는 것은 설득력이 없기 때문이다. 이때는 어떤 방법으로 자신의 의사를 전달할지 미리 구상한 뒤 자녀의 지원을 받아 속마음을 털어놓는 것이 좋다. 또 지나치게 감정적으로 치우치거나 일방적으로 남편을 몰아세우지 않도록 주의해야 하는데, 전문가의 도움을 받으면 문제를 보다 객관적으로 파악할 수 있어 도움이 된다.

문제 없는 집은 없다. 아무리 완벽해 보이는 사람이라도 단점은 있게 마련이고, 비슷비슷하면서도 서로 다른 사람이 모여 사는 것이 가족이다 보니 서로 서운한 점, 불편한 점, 불만족스러운 점이 있을 수밖에 없다. 그렇기 때문에 가족 간에는 자연스러운 대화로 서로의 어려움을 털어놓고 오해를 풀며 해결 방법을 함께 모색해가는 과정이 필수적이다.

어려움에 부딪쳐 눈앞이 캄캄해질 때는 자신의 고통이나 어려움을 속 시원히 털어놓을 수만 있어도 출구가 보이는 법이다. 그런데 자신의 어려움을 표현할 줄도 모르고 표현해서도 안 된다는 고정관념에 사로잡혀 있으면 문제를 해결할 기회를 놓쳐버리기 십상이다. 가족 간에 대화가 단절되면 남는 것은 돌이킬 수 없이 커진 오해와 불신밖에 없다.

이미 문제가 심각해진 뒤에는 일반인의 상식 수준으로는 문제를 풀기가 어렵다. 피를 나눈 가족은 물론 가까운 친척이라고 하더라도 상황을 객관적으로 보기가 어렵기 때문에 오히려 문제를 그르치는 경우도 많다. 바로 이럴 때 전문가의 도움이 필요한 것이다.

정신과 전문의이건 가족 상담 전문가이건 사람의 심리와 인간관계에 관한 통찰력을 가진 전문가들은 이런 문제를 한결 쉽고 효율적으로 풀어낸다. 그러니 가족 간의 문제라고 해서 가족 내에서만 싸안고 병들어갈 게 아니라 솔직하게 드러내놓고 해법을 찾아야 한다.

상담을 창피하게 생각하지 마라

대부분의 사람들이 부부간에 문제가 있을 때 전문가를 찾아 상담받는 것을 꺼린다. 장기적인 상담이 필요할 경우 비용 부담도 만만치 않은 데다 부부간의 문제를 드러내놓고 상담하는 것을 수치스럽게 여기는 고정관념 때문이다.

특히 남편 때문에 아내가 고통을 받고 있는 경우, 아내는 어떻게든 문제를 풀어보려 애쓰지만 남편은 상담 한번 받아보자는 제의조차 쉽게 받아들이지 않는다. 하지만 가족 간에 문제가 생겼을 때는 한 사람만 치료한다고 해서 문제가 해결되는 것이 아니다. 문제를 가지고 있는 사람은 정작 치료는커녕 상담조차 거부하고 문제를 제기하는 사람만 희생양을 만드는 경우도 많다.

요즘은 개인 상담뿐만 아니라 부부 상담이나 가족 상담도 활발하게 이루어지고 있다. 개인의 문제는 대부분 가족 내에서 발생하기 때문에 가족을 둘러싸고 있는 환경이나 가족 관계를 개선하지 않으면 해결하기 어렵다. 신체적인 질병을 고치기 위해 약을 먹고 수술을 하듯이 마음의 병이나 가족 관계에서 생기는 문제를 치료받는 것도 당연하고 자연스러운 일이다. 여자들이 임신과 출산 과정에서 남자 산부인과 의사에게 몸을 맡기고 남자들이 주사를 맞기 위해 여자 간호사 앞에서 바지를 내리듯이, 문제 해결을 위해 전문가를 찾아 자신의 속내를 털어놓는 것은 절대 창피한 일이 아니다.

우울증만 해도 '마음의 감기'라고 할 만큼 많은 사람들이 앓고 있는 일반적인 질환이다. 이런 질병은 간단한 약물 치료를 통해 단시간 내에 완치될 수 있고 부작용 또한 크지 않다. 성생활에 관련된 문제도 전문 클리닉을 찾아가 몇 가지 도움만 받으면 쉽게 해결할 수 있는데도 때를 놓치고 방치했다가 파국으로 치닫는 부부가 많다.

산부인과 의사가 환자를 여자로 대하지 않는 것처럼 가족 문제 전문가는 가족 간에 벌어지는 다양한 문제들을 객관적으로 파악하고, 이론적 배경과 임상 경험을 활용해 상황을 분석하는 데만 집중한다. 그들은 언제나 문제를 가지고 있는 사람들을 만난다. 쉽게 말하자면 문제를 가진 사람들에게 별의별 얘기를 다 듣고 그에 대한 해결책을 찾기 위해 노력하는 사람들이다. 이혼밖에 답이 없다 싶을 때, 이 집에서는 도저히 못 살겠다 싶을 때에도 성급한 결정을 내리기 전에 반드시 전문가를 찾아 상담해보기 바란다.

가족은 지극히 개인적인 영역이기도 하지만 대단히 공적인 영역이기도 해서 누군가의 가족 문제는 바로 내 문제이고 우리 문제가 되기도 한다. 실제로 우리 주변에서 벌어지고 있는 많은 범죄와 사건, 사고들이 가족 문제 속에서 싹트고 있다. 하지만 이런 문제를 개인의 힘만으로 예방하기는 어렵다. 그렇기 때문에 기업의 지원과 국가적인 제도, 법적인 뒷받침이 필요한 것이다.

사람은 누구나 주변 사람들과 제도와 법의 도움을 받을 권리가 있다. 힘든 일이 있을 때는 혼자서 모든 짐을 짊어지려 하지 말고 도움을 청해야 한다. 도움을 청하는 사람에게는 항상 도움의 손길이 다가가게 마련이다.

긴 안목으로 보자면 우리 가정을 행복하게 가꾸는 것은 우리 아이들뿐만 아니라 내 손자, 손녀의 행복한 결혼 생활까지를 보장하는 일이다. 그리고 각종 사회문제를 해결하기 위하여 들이는 천문학적인 국가 예산을 절감하는 비결이다. 예로부터 병은 소문을 내야 한다고 하지 않던가. 여러 사람이 머리를 맞대면 어디선가 반드시 해법이 나온다는 선조들의 지혜가 담긴 말이다. 무엇보다 문제는 겉으로 드러내는 것만으로도 한결 가벼워진다는 것을 기억하기 바란다.

2장

가족의 행복을 만드는 대화법

왜 가장 가까운 가족끼리 말이 안 통할까?

앞에서 '가족'에 대해 다시 한번 생각해봐야 할 부분을 짚어보았다면 이제 행복한 가족을 만들기 위해서는 어떻게 해야 하는지 그 방법을 살펴보고자 한다. 그중에서도 '대화'를 먼저 살펴보는 이유는 대화가 모든 관계의 기본이기 때문이다.

잘못된 대화로 관계가 악화되기도 하지만 악화된 관계를 대화로 다시 살릴 수도 있다. 얼마 전 TV에서 본 실험은 말의 힘을 실감하게 해주는 훌륭한 사례였다. 방송국 아나운서들이 유리병에 밥풀을 담은 뒤 한쪽에는 날마다 '사랑해', '고마워' 같은 긍정적인 말을 해주고,

다른 한쪽에는 '바보', '멍청이' 같은 부정적인 말을 하는 실험을 했다. 며칠 뒤 놀랍게도 앞의 밥풀에는 구수한 냄새가 나는 깨끗한 곰팡이가 핀 반면, 뒤의 밥풀에는 썩은 내가 진동하는 시커먼 곰팡이가 핀 것이 아닌가. 실험에 참여한 아나운서들조차 놀라움을 금치 못했고, 이후 아나운서실에서는 긍정적인 말 사용하기 캠페인을 벌였다고 한다.

가족끼리는 대화로 풀지 못할 문제가 없다

돈 문제로 부부 싸움을 하다가 아내가 "어디 한번 죽여 봐"라며 대들자 남편이 정말로 아내를 살해했다는 기사에 할 말을 잃었다. 자세한 내막은 알 수 없지만, 부부 싸움을 극으로 몰고 간 두 사람의 어리

우리 가족 전용 수식어

내가 일주일에 한 번씩 고정으로 출연하는 라디오 방송의 진행자는 항상 아주 멋진 멘트로 나를 소개하곤 한다. "5월의 햇살같이 늘 환한 웃음의 소유자, 가정경영연구소의 강학중 소장님, 나오셨습니다." "산처럼 믿음직한……." "우리의 얘기를 항상 귀 기울여 들어주실 것 같은 분……." 조금은 낯간지러운 멘트도 있지만 기분은 전혀 나쁘지 않다.
우리 가족에게도 전용 수식어를 정해보자. '쫌생이', '천하의 무식한 여자', '저 사고뭉치' 같은 부정적인 꼬리표나 낙인은 떼어버리고 듣기만 해도 기분 좋은 말로 가족에게 힘을 북돋아주자. '우리 집의 기둥', '사랑스러운 우리 보배', '하루도 안 보면 못 살 것 같은', '걸어 다니는 백과사전', '하늘이 내려준 목소리의 주인공'처럼 구체적인 수식어를 골라 붙여주면 어느새 그런 표현에 걸맞은 사람이 되어 있을 것이다.

석은 감정 대립이 비극적인 결말로 이어진 경우라고 할 수 있다. 특히 싸움이 벌어졌을 때 상대방의 화를 극한으로 내모는 말 한마디는 불길에 기름을 끼얹은 것과 같다.

　남태평양 솔로몬 군도의 작은 마을에서는 아주 특별한 방법으로 나무를 벤다고 한다. 도끼나 톱 같은 어떤 도구도 사용하지 않고 손 하나 대지 않은 채 나무를 쓰러뜨리는 방법인데, 나무 앞에서 큰 소리로 한 달 정도 고함을 지르다 보면 사람 키보다 큰 나무가 저절로 쓰러진다는 것이다. 반복적인 고함이 생명을 죽이는 셈이다. 이처럼 사람에게도 비난과 협박, 경멸 등의 가시 돋친 말을 계속하면 관계가 서서히 죽는다.

　이는 말이 얼마나 무서운 힘을 갖고 있는지, 그것을 어떻게 사용해야 하는지 잘 아는 사람이 곧 지혜로운 사람이라는 것을 알려준다. 우리가 이런 지혜를 갖고 있다면 사랑하는 가족 앞에서 고함을 지르고 폭언을 퍼붓는 일은 절대 없을 성싶다.

　아무리 홧김이라고는 하지만 절대 해서는 안 될 말이 있는 법이다. 우리는 다른 사람에게는 말조심을 하면서도 가족 간에는 상처 주는 말을 곧잘 한다. 가족이니까 편해서, 가족이라서 이 정도쯤은 이해해 줄 거라고 생각하면서……. 하지만 가족이라서 더 큰 상처가 되고, 가족이기 때문에 더욱더 용서할 수 없는 말이 있는 법이다.

"그래, 당장 이혼해!"
"내 눈앞에서 꺼져버려!"

"너 다시는 집에 들어오지 마!"

이런 말들은 하는 사람 입장에서는 그저 '화가 나면 무슨 말을 못 해?' 하며 대수롭지 않게 여길 수 있지만, 듣는 사람 입장에서는 '정말 갈 데까지 갔구나!' 하는 절망적인 기분을 느끼게 한다.

상담실을 찾는 사람들 중에도 의사소통 문제로 고통받는 가족이 많다. 특히 부부간에는 말이 씨가 되어 싸움이 벌어지기도 하고, 대화 좀 하자고 시작한 자리가 싸움으로 끝나는 일도 많다. 대화가 부족하고 안 돼서 티격태격하는데, 정작 대화로 실마리를 풀자니 대화의 기술이 부족해서 관계가 더 악화된다는 것이다.

인간이 누군가와 관계를 맺고 사는 데 대화만큼 중요한 수단이 또 있을까. 어떤 직업에 종사하더라도 가장 긴요하게 활용할 수 있는 평생의 기술이 대화이다. 그중에서도 가장 중요한 것이 가족 간의 대화, 특히 부부간의 대화이다. 부부간의 대화 부족이나 단절은 가족 관계를 병들게 하고 서서히 죽이는 복병이기 때문이다. 남편과 아내가 서로를 비난하거나 협박하고 명령, 경멸 등의 가시 돋친 말을 퍼부어대면 그 관계는 온전할 수가 없다. 나아가 대화로 문제나 갈등을 해결하지 못하고 폭력을 휘두르는 부모 밑에서 자란 자녀는 자연스레 폭력을 배우게 된다.

사람과 사람, 특히 가족 간에는 대화로 풀지 못할 문제가 없다. 대화는 문제를 해결하는 가장 합리적인 방법이다. 하지만 서로 얼굴 보고 마주 앉아 얘기한다고 해서 다 합리적인 대화로 이어지는 것은 아니다. 그렇기 때문에 문제 해결을 위한 대화에는 기술이 필요한 것이다.

가족의 대화를 방해하는 것들

가족 간에 대화가 안 되고 말이 안 통하는 것은 무엇 때문일까? 가장 큰 이유는 아마도 대화를 나누며 토론을 즐기는 문화에 익숙하지 않은 탓일 것이다. 우리는 '침묵은 금'이라고 하여 과묵이나 침묵을 미덕으로 여기며, 어른에게 자신의 생각을 얘기하는 것조차 말대꾸로 치부하는 문화 속에서 살아왔다. 특히 여성들에게는 순종을 강요했고, 자기 생각이나 감정을 드러내는 것을 금기시했다. 그러니 자신의 생각이나 느낌을 효과적으로 표현하고 타인의 말을 경청하는 방법을 배울 기회가 없었던 것이다.

가족은 가장 많은 시간을 함께 보내는 만큼 가장 오랫동안 유지되는 대화 상대이다. 그렇다 보니 서로 '말하지 않아도 아는' 사이라는 생각에 정작 중요한 대화 상대라는 것을 간과해버리는 경우가 많다. 하지만 가족 간에 대화하는 방법만 잘 익혀도 가족 문제는 크게 줄어들 수 있다. 가족 간의 대화를 가로막는 장애 요인을 찾아 하나둘 없애나가다 보면 가족 관계가 한결 매끄러워지는 것을 느낄 수 있을 것이다.

먼저 가족 간의 대화를 가로막는 외적 요인을 꼽아보자면 과다한 업무, 바쁜 일과, 피로, TV나 인터넷, 어린 자녀의 양육이나 연로한 부모의 봉양, 그리고 제3자의 개입이나 수직적인 가족 관계 등이 대표적이다. 이러한 외적 요인들은 주로 대화할 시간이 절대적으로 부족한 경우와 경직된 가족 관계에서 비롯되는데, 전자의 경우는 비교적 해법을 찾기가 쉬운 반면 후자의 경우는 가족 관계 전반을 통해 해소해야 하기 때문에 어려움이 따를 수 있다.

일례로 부부간에 사소한 다툼이 있었다고 하자. 비록 말싸움은 했지만 부부 두 사람이 충분히 풀 수 있는 문제였다. 그런데 여기에 가족 중 누군가가, 특히 시부모나 시누이가 개입하면 일은 한결 복잡해진다. 팔은 안으로 굽게 마련이니, 피를 나눈 사람과 바깥에서 들어온 사람으로 구도가 나뉘어 분쟁이 커지는 것이다. 이렇게 되면 대화 자체가 불가능해진다. 애초에 제기된 문제보다는 서로의 관계나 감정을 앞세우게 되기 때문이다.

시부모와 며느리, 처부모와 사위의 관계는 특히 어렵다. 이처럼 수직적인 관계에서는 자유로운 의견을 개진하기 어렵고, 그 와중에 오해가 생기는 경우도 많다. 가족 간 대화는 부드러운 가족 관계 위에서 이루어져야 한다. 평소 가족 구성원이 어떤 생각을 갖고 있는지, 그들에게 요즘 어떤 일이 있는지 주의 깊게 관찰하며 그에 대해 공감을 표하는 일, 반대로 자신의 생각이나 근황을 공개하고 공유하는 일, 문제 제기와 해법 모색을 동시에 하는 자세 등이 가족 관계에 탄력을 부여하고 대화의 기틀을 마련해준다.

가족 대화의 시간, '일부러' 만들어라

아무리 바쁘고, 시간이 없고, 피곤해도 가족끼리 대화할 수 있는 시간은 반드시 만들어야 한다. 가족 간 대화는 해도 그만, 안 해도 그만이 아니라 반드시 원활하게 이루어져야 하는 행복의 기술이기 때문이다. 하지만 어느 날 갑자기 정색을 하고 둘러앉아 "이제부터 대화 좀 해봅시다" 한다고 해서 대화가 이루어지는 것은 아니다.

대화는 누가 대신해주거나 돈으로 살 수 있는 게 아니기 때문에 바쁘다는 핑계로 소홀히 하다 보면 점점 더 멀어져버리고 만다. 이 같은 대화 단절 상태가 되면 결국 가족 간에 발생하는 문제를 사전에 예방할 수 있는 기회를 잃어버리게 되고, 문제가 발생한 뒤에는 또 그 해결책을 모색할 기회를 잃어버리게 된다.

지금껏 가족 간의 대화가 부족했다면 우선은 실천하기 쉬운 몇 가지 원칙을 정해 하나씩 실행해보는 것이 좋다. 무엇보다 대화할 시간을 만드는 것이 중요한데, 각자의 형편에 따라 '아침밥은 반드시 가족과 함께 먹는다'거나 '일요일 저녁 식사만큼은 꼭 가족과 함께 한다'는 정도로 비교적 하기 쉬운 것부터 실천해보자. 그것이 여의치 않으면 일주일에 한 번이나 한 달에 한 번 정도 가족 간의 대화 시간이나 가족회의 시간을 따로 마련하는 것도 방법이다.

'TV 안 보는 날'을 정하는 것도 좋은 방법 중의 하나이다. 우리 집 역시 아들 녀석이 고등학교 2학년이던 여름방학 때, 가족회의를 거쳐 TV와 컴퓨터를 치운 적이 있다. 6개월간의 짧은 경험이었지만 우리 가족 모두 TV 없이도 살 수 있다는 것을 깨달았고, 무엇보다 식구들과 깊은 대화를 나누는 즐거움을 맛보았다. 사실 TV를 전혀 안 보고 사는 일은 쉽지 않다. 하지만 가족의 형편을 고려해 일주일에 하루는 'TV 안 보는 날'로 정하거나 한 달 정도 'TV 없는 달'로 정해놓고 대화를 시도해볼 것을 추천하고 싶다. '저녁 식사 후 2시간 동안 TV 안 켜고 가족이 함께 거실에서 시간 보내기'만 실천해봐도 그 동안 우리가 얼마나 많은 시간을 TV에 빼앗겨왔는지를 실감할 수 있을 것이다.

아빠의 야근, 엄마의 집안일, 아이들의 숙제와 학원 수업 등 대화 시간을 낼 수 없는 이유는 얼마든지 있다. 하지만 가족 간에 대화가 필요한 이유는 그보다 훨씬 더 많다. 가족 관계는 대화를 양분 삼아 성장한다고 해도 과언이 아니다. 하루 종일 격무에 시달린 부모도, 시험공부에 지친 자녀도 가족끼리 대화할 수 있는 시간과 에너지는 꼭 남겨두기 바란다.

대화의 전제 조건은 '차이점 인정하기'와 '친밀감 쌓기'

가족의 대화를 가로막는 내적 요인으로는 가치관의 차이, 세대 차이, 부정적인 감정, 부정적인 자아상, 비현실적인 기대, 그리고 대화 기술의 부족 등을 들 수 있다.

나의 경우 역시 아들이 고등학생일 때, 이 녀석과 얘기를 하다 보면 뒤끝이 꼭 좋지 않았다. 내 딴에는 아버지의 권위를 내세우지 않고 최대한 감정을 억누르며 경청한다고 하는데도 결과는 늘 기대 이하였다. '밖에서는 대화법 강의까지 하는 사람이 이 정도밖에 안 되는 걸까?' 하는 자괴감마저 들 정도였다. 그러나 곰곰이 생각해보니 나에게 문제가 있었다. 아들이 자기주장을 하다 언성이 높아지거나 공손치 못한 태도를 보일 때면 여지없이 "이 버릇없는 녀석이……" 하며 아버지에 대한 예의를 내세우고 있었던 것이다.

그러니 아들에겐 허심탄회한 대화가 아니라 훈계나 설교, 평가나 충고의 시간일 뿐이었고, 그래서 좋은 결말을 맺기가 어려웠던 것이다. 대화는 좋은 말로 상대를 가르치는 것이 아니라 서로가 서로의 의견을 구하고 들으며 더 좋은 결과를 만들어가는 과정이다.

또 결혼 생활이나 배우자에 대한 기대 수준도 적절히 조정할 줄 알아야 한다. '당신은 나를 행복하게 해주어야 한다, 나를 사랑한다면 내가 얘기를 안 해도 알아서 해줘야 한다, 남편 말이라면 일단 먼저 받아들여야 한다'는 등의 고정관념이 자리 잡고 있으면 대화가 매끄럽게 풀릴 리 없다. 특히 부부는 일심동체라는 생각에 배경 설명 없이 바로 본론으로 들어가는 경우가 많다. 하지만 생각과 달리 부부의 대화는 일심동체보다 동상이몽일 때가 많다. 오죽하면 남자와 여자의 대화 방식이 화성인과 금성인만큼의 차이가 있다고 말하겠는가. 전혀 다른 환경에서 성장한 두 남녀가 함께 부부로 살아가려면 평생토록 끊임없이 맞추고 조정해도 어쩔 수 없는 간극이 있다는 것을 인정해야 한다.

하지만 마음속에 상대방에 대한 부정적인 감정이 도사리고 있을 때는 그 어떤 대화의 기술도 소용이 없다. 외도로 아내에게 마음의 상처를 준 남편이 부드러운 말로 칭찬을 하고 선물 공세를 편다 한들 아내가 쉽게 마음을 열 수 있겠는가. 아내의 마음속에는 오히려 '그 X에게도 이런 식으로 작업을 걸었겠지' 하는 미움과 원망이 싹틀 뿐이다. 또 반대로 자신을 부정적으로 평가하는 태도 역시 대화의 장애 요인이 될 수 있다. '내가 돈을 못 벌어온다고 남편을 우습게 보는 거겠지' 또는 '우리 친정이 못산다고 나까지 무시하는 거야?' 등의 자격지심에서 나오는 감정을 가지고 있으면 사소한 것에도 오해를 하고 화를 내기 때문에 진솔한 대화가 어려워진다.

대화의 기술보다 더 중요한 것은 부부 사이와 부모 자식 간에 친밀감을 쌓는 것이다. 뺨을 한 대 올려 부쳤더니 아이가 씩씩거리면서 문을 쾅 닫고 나가버렸다면 자녀와 대화를 재개하기가 참 난감할 것이

감정계좌에 저축하는 습관

가족 관계도 인간관계의 하나이다 보니 긍정적인 감정과 부정적인 감정이 섞여 있게 마련이다. 중요한 것은 마음속에 감정계좌를 개설하고, 긍정적인 감정을 많이 쌓아서 부정적인 감정이 저질러놓은 마이너스를 메워가는 것이다.

배우자나 자녀들, 부모님에 대한 나의 감정계좌에는 좋은 감정의 잔고가 얼마나 남아 있을까. 평소 감정계좌에 잔고가 넘쳐나는 사람이라면 웬만한 일로 인출을 해도 별문제가 없지만, 잔고가 바닥났거나 이미 마이너스라면 저축에 좀 더 힘을 기울여야 한다. 모든 계좌가 그렇듯 일단 마이너스가 되면 회복이 어렵다. 평소 저축하는 습관이 중요한 것은 이 때문이다.

다. 이런 냉전은 배우자가 옆에서 지혜롭게 도와주지 않으면 좀처럼 끝나지 않는다. 또 부부 싸움 끝에 "이혼해!", "그래, 이혼해!" 하고 으름장을 놓은 뒤 각방을 써온 부부가 마주 앉아 대화를 나누기란 대단히 어려운 일이다. 그렇기 때문에 가족 간에는 평소 친밀감을 돈독하게 쌓아두어야 문제가 생겼을 때 바로 대화를 시작할 수 있다. 평소 작은 일에라도 긍정적인 감정과 우호적인 관계를 조금씩 저금해두면 어려움이 있을 때마다 조금씩 빼먹어도 여전히 두둑한 잔고가 남는 법이다.

대화, 준비하고 시작하라

내가 하고 싶은 말을, 내가 하고 싶을 때, 일방적으로 쏟아놓는 것은 대화가 아니다. 대화는 준비를 통해 효과적으로 자신의 뜻과 의도를 전달하고, 상대방의 공감과 이해를 구하며, 서로가 만족할 만한 결론에 도달해야 성공적으로 마무리된다. 대화가 항상 즐거워야 한다는 고정관념도 벗어날 필요가 있다. 흔히 우리는 불편한 주제나 얘기하기 껄끄러운 사항에 대해서는 말하기를 꺼려하는 경향이 있는데, 부정적인 얘기나 심각하고 중요한 주제일수록 대화는 필수적이며 제대로 된 준비 단계를 거쳐 시작해야 한다.

대화 준비라고 해서 남북 정상회담이나 한미 정상회담처럼 거창한 준비가 필요한 것은 아니다. 하지만 무엇에 대해서 얘기를 할 것인지, 언제 어디에서 대화를 나눌 것인지 미리 생각해두고, 상대방의 오해를 불러일으키지 않으면서 효과적으로 전달할 수 있는 방안을 모색해 두는 것이 좋다. 가족 간에는 식탁에서 대화를 하는 일이 많지만, 무거운 주제나 중요한 얘기라면 식사 직전이나 식사 중, 늦은 밤이나 출근 전, 그리고 재미있게 TV를 보고 있을 때, 피곤할 때, 기분이 좋지 않을 때 등은 피하는 것이 좋다. 또 자녀와 함께 얘기해야 할 사안이 아니라면 부부만 있는 자리에서 대화하는 것이 좋고, 형이나 누나를 꾸중할 일이 있을 때는 동생이 없는 장소를 택하는 배려도 필요하다.

대화를 시작하기 전에 몇 가지 규칙을 정해놓고 시작하면 대화 도중 발생할 수 있는 마찰을 방지할 수 있다. 예를 들면 문제가 된 것만 얘기하고 주제에서 벗어나지 않기, 대화의 순서 지키기, 비난하거나 인격을 모독하지 않기, 비교 안 하기 같은 규칙을 가족 모두가 공유하고 철저히 지켜야 한다. 그리고 대화 도중 감정이 격해져서 싸움이 될 것 같으면 잠깐만 있다 다시 얘기하자며 타임아웃을 청하고, 안정을

부부 싸움의 브레이크

부부 싸움에 브레이크가 없으면 끔찍한 파국을 맞을 수 있다. 우리 부부 싸움에는 브레이크가 있는가? 부부 싸움이 극단으로 치닫는 것을 막아줄 우리 부부만의 브레이크를 하나씩 장만하자. 어느 한쪽이 타임아웃을 요청하면 부부 싸움을 잠시 중단한다는 규칙도 브레이크가 될 수 있고, 가끔은 담배 한 모금도 훌륭한 브레이크가 될 수 있다. 나에게 전혀 효과가 없는 브레이크는 무엇이고 가장 효과가 뛰어난 브레이크는 무엇인지 서로 가르쳐주는 것도 훌륭한 방법이다.

되찾은 다음에 다시 대화를 재개하는 것이 지혜로운 방법이다.

하지만 제아무리 훌륭한 대화의 기술을 익히고 대화의 원칙을 지킨다고 하더라도 상대방을 존중하고 배려하는 마음이 없으면 '저 사람이 나를 가지고 노는 거 아닌가' 하는 생각에 왠지 조종당하는 듯한 느낌을 받게 된다. 그러나 진심은 있지만 대화 기술이 부족해도 오해가 생기는 법이어서 상대방을 존중하고 배려하는 태도 위에 효과적인 기술이 더해진다면 가장 바람직한 경우라고 할 수 있다.

진심으로 들어주면 통한다

　가족의 대화법에 대해서 가르치고 상담을 하는 나에게도 듣기는 영원한 숙제이다. 특히 감정적으로 두서없이 말을 쏟아내는 내담자들과 마주하고 있을 때면 남의 말을 진심으로 귀 기울여 듣는 것이 도를 닦는 것보다 더 어렵다는 느낌이 들 때가 한두 번이 아니다. 하지만 상대방의 말을 잘 들어주는 것만으로도 상담의 절반은 끝난다. 해법은 대부분 그들의 말 속에 있으며, 내담자들 역시 속에 있는 말을 모두 털어놓는 와중에 스스로 답을 찾는 경우가 많기 때문이다.
　갓난아기를 둔 엄마는 아이의 울음소리에 아주 민감하게 반응한다.

배가 고파서 우는지, 졸려서 칭얼대는지, 기저귀가 젖어서 우는지 엄마는 금방 알아차린다. 신경이 온통 아이에게만 집중되어 있기 때문이다. 아이가 옹알이를 할 때도, '우유'나 '엄마' 같은 말을 어설프게 내뱉을 때도 엄마의 마음과 귀는 온통 아이를 향해 열려 있다. 하지만 아이가 웃어 보이거나 옹알이를 해도 부모가 무표정한 얼굴로 대하거나 반응을 보이지 않으면 아이는 이내 시무룩해지거나 입을 닫아버린다. 말이 되건 안 되건 엄마가 열심히 들어주고 "그랬어?", "오~ 알았어요" 하며 대꾸를 해줘야 더 신이 나서 옹알이를 하게 된다. 아이는 본능적으로 부모의 관심과 세심한 배려가 생존을 위한 필수 조건임을 알고 있는 것이다.

다른 사람에게 관심이나 인정, 이해를 받고 싶은 욕구는 어른도 마찬가지이다. 그런데 이런 삶의 양분이 충족되지 못하면 삶이 힘들고

가족 탐험 인터뷰

부부가 오랜 세월을 함께 살다 보면 서로에 대해서 다 알 것 같지만 의외로 모르는 부분이 많다는 것을 느낄 때가 많다. 가족도 마찬가지이다. 특히 부모에 대해서는 더더욱 그렇다. 아이들은 어릴 때의 기억뿐만 아니라 부모의 결혼 전 삶에 대해서도 아는 게 별로 없다. 이럴 때는 기자가 누군가를 인터뷰하듯이 아이가 엄마나 아빠를 상대로 인터뷰를 해보게 하면 어떨까? 엄마 아빠의 어릴 적 별명은 뭐였는지, 꿈은 뭐였는지, 자신의 어린 시절은 어땠는지를 묻다 보면 서로에 대해서 많은 것을 공유할 수 있게 된다. 그리고 기자나 아나운서 같은 직업을 꿈꾸는 아이에겐 흥미 있는 체험이 될 수도 있다.

관계에 문제가 생긴다. 사람들이 돈을 지불하면서까지 상담소를 찾는 것 역시 자신의 얘기를 관심 있게 들어줄 사람을 찾는 것으로 해석할 수 있다. 가정이나 학교에서 자기 말에 귀 기울여 들어주는 사람이 없기 때문에 아이가 TV나 게임, 채팅에 몰입하는 것은 아닌지, 또는 정작 속마음을 터놓고 얘기해도 아내가 자기 말을 귀담아 들어주지 않기 때문에 남편이 술집에서 허허로운 마음을 달래고 있는 것은 아닌지 돌아보아야 한다.

관심이 귀를 열어준다

사람들은 대부분 자기 말만 하면서도 자신은 남의 말을 잘 들어주는 편이라고 자기 자신에 대해서는 관대한 평가를 내린다. 하지만 남의 말을 경청하는 것은 생각보다 어려운 일이다. 대단한 인내심과 연습, 끊임없는 노력이 없으면 습득하기 어려운 기술이자 태도가 경청이다.

다른 사람의 말을 경청하기 위해서는 무엇보다 먼저 말하는 사람에 대한 관심이 있어야 한다. 우리가 사랑에 빠져 있을 땐 상대방이 자기 말만 하고 내 말에 귀 기울이지 않아도 크게 문제 삼지 않는다. 상대방에 대해 모든 것을 알고 싶은 관심 때문에 지루한 줄 모르고 몰입해서 듣기 때문이다. 아이를 돌보는 부모 역시 자식에 대한 조건 없는 사랑과 관심이 있기 때문에 아이가 표정만 달라져도 무엇을 원하는지 민감하게 알아차리는 것이다.

가족 중에 누군가가 "왜 이렇게 사람 말을 안 들어주느냐"고 불만을 표시한다면 "그러게 말이 되는 소리를 해야지!" 하며 나무랄 것이 아니라 진실로 내가 아내에게, 남편에게 그리고 자녀에게 얼마나 관심을 갖고 있는지 돌아볼 필요가 있다. 사람은 누가 내게 관심을 갖고 있는지 아닌지를 본능적으로 안다. 그리고 누군가로부터 관심을 받고 싶은 욕구가 채워지지 않는 한 불평불만은 가시지 않는다.

대화의 열쇠는 집중과 공감

경청의 기본자세는 하던 일을 모두 멈추고 상대방에게 온전히 집중하여 듣는 것이다. 집중력이 흐트러지면 상대방의 감정이나 욕구를 읽어내기 어렵고, 진심으로 공감하는 것 또한 어려워진다.

언젠가 아내가 나의 대화 태도에 대해 불만을 제기한 적이 있다. 아내의 얘기인즉슨 밖에서 대화법을 가르친다는 사람이 아내와 대화할 때는 기본도 안 되어 있다는 것이다. 아내는 내가 신문이나 TV를 보면서 "다 듣고 있으니 얘기해보라"고 할 때면 말할 기분이 싹 달아나 버린다고 했다. 이론은 누구보다도 잘 알고 있으면서 나 자신부터 실천하지 못하고 있었던 것이다.

그날 이후 나는 아내가 무슨 말을 하려 할 때면 보던 신문을 접고, TV 볼륨을 줄이고 아내를 쳐다보면서 얘기를 들었다. 무얼 하다가도 아내가 뭐라고 하면 아내에게 다가가서 무슨 얘기냐고 되물었다. 이렇게 아내의 이야기에 귀 기울여주는 것만으로도 우리 부부는 한결 대화가 풍부해졌다.

그런데 몇 년이 지난 후 아내는 또 불만을 털어놓았다.

"당신하고는 대화가 안 돼요. 내 말귀를 통 못 알아듣잖아요!"

내가 말귀를 못 알아듣는다니, 황당한 소리였다. 하지만 이때도 역시 곰곰이 생각해보니 아내의 얘기가 맞았다. 나는 아내의 얘기를 듣는 척은 했지만 아내의 얘기에 진정으로 공감하지는 못하고 있었던 것이다. 아내가 정리·정돈 좀 해라, 돈 좀 아껴 쓰라고 할 때마다 나는 '남편에게 이래라저래라 하지 말라'는 식으로 대꾸하고 있었다. 운동도 하고 살도 좀 빼라고 했지만 제발 좀 내버려두라며 도통 듣지 않았다. 아내의 말을 귀로만 듣고 있었을 뿐, 아내의 마음을 읽을 줄 몰랐던 것이다.

그리고 보면 아이들에게도 크게 다르지 않았다. 시험을 못 봐서 속상하다는 딸아이에게 "빨리 잊어버리고 다음 시험 준비나 잘하라"고 충고를 하는가 하면, 비상금을 잃어버렸다며 투덜대는 아들 녀석에게는 "그 돈을 주운 사람은 얼마나 좋겠냐"며 속을 긁었다. 내 딴에는 모든 일엔 양면성이 있으니 긍정적인 쪽으로 생각하자는 취지였지만, 공감이 전혀 이루어지지 않은 상태에서 일방적으로 건네는 충고나 지적에 아이들은 답답함을 느꼈을 것이다. 자신의 속상한 마음을 읽고 어루만져주려는 노력은커녕 대화의 끈마저 끊어버리는 아빠로 비쳐졌을 것을 생각하면 부끄럽기 짝이 없다.

상대방의 얘기를 들어주는 것만으로는 경청이라고 할 수 없다. 내가 먼저 마음을 열고 상대방의 마음과 생각에 공감하려고 노력해야 적극적인 경청, 진정한 경청이 이루어지는 것이다. 사람은 누군가 나를 충분히 이해하고 공감해준다고 느낄 때 비로소 그의 조언이나 충고를 받아들일 마음의 공간이 생긴다. 가족이 뭔가 말하고자 할 때는 모든 신경과 마음을 집중해서 그 얘기를 듣고 공감대를 형성할 수 있어야 진정한 대화가 가능해진다. 경청이 대단한 인내심과 고도의 집중력, 그리고 많은 에너지를 필요로 한다는 것은 바로 이 때문이다.

내려놓고 또 내려놓기

상대방의 이야기를 들을 때는 모든 것을 내려놓아야 한다. 조언을 해주고 싶은 욕구, 가르쳐주고 싶은 욕구, 성급하게 끼어들고 싶은 욕구, 안심시켜주고 싶은 욕구, 문제를 해결해주고 싶은 욕구, 궁금한 것을 물어보고 싶은 욕구 등 이 모든 것이 경청을 가로막는 걸림돌이다. 그러나 상대방에게 뭔가 해주고 싶은 강력한 욕구를 내려놓는 것은 결코 쉬운 일이 아니다.

친정어머니의 죽음 앞에서 울고 있는 아내에게 울지 말라고, 누구나 다 한 번은 죽는 거라고, 그리고 좋은 데 가셨을 거라고 위로한다 한들 무슨 위로가 되겠는가. 이럴 때는 성급한 위로나 안심시키려는 말 한마디보다는 손을 꼭 잡아주거나 아무 말 없이 아내를 따뜻하게 안아주는 것이 훨씬 더 큰 힘이 될 수 있다. 그러니 누구에게든 섣불리 위로하거나 조언하려 들지 말라는 것이다.

특히 자녀와 대화할 때는 부모로서 무언가 조언하고 가르쳐주어야 할 것 같은 강박증에 사로잡히기 쉽다. 하지만 이때는 그저 진심으로 자녀의 입장이 되어 이야기를 들어주는 것만으로도 충분하다. 부모가 자신의 이야기를 진지하게 들어주고 함께 고민을 나누는 것만으로도 자녀는 위로를 얻기 때문이다.

아내가 집안일에 대한 걱정을 늘어놓을 때도 성급하게 해결책을 제시하려 들 게 아니라 아내가 지금 어떤 마음인지, 어떤 생각을 갖고 있는지를 먼저 충분히 들어주어야 한다. 배우자를 변화시키려 하거나 맞서지 말고, 과민반응도 하지 말고, 문제를 해결해주겠다고 섣불리 나서지도 말며, 일단은 상대방의 감정과 생각을 있는 그대로 받아들이는 데 집중해야 한다.

왜 화가 난 것일까?

상대의 말에 화가 나고 반박하고 싶어질 때는 잠깐 말을 멈추고 왜 내가 과민하게 반응하는지를 돌아보는 것이 좋다. 내가 과거의 경험이나 상처 때문에 상대방의 의도를 오해한 것은 아닐까, 식구들이 나를 의도적으로 화나게 하거나 상처를 줄 생각은 아닐 텐데 내가 괜한 자격지심에 너무 과잉반응을 보이는 것은 아닐까 돌아보자. 순간의 감정을 추스르는 것은 전혀 엉뚱한 쪽으로 불똥이 튀는 것을 막는 데 효과가 있다. 배우자의 말과 행동에 습관적이고 감정적으로 즉각 반응하는 것을 멈추고 내가 어떻게 반응할 것인가를 선택해야 한다. 설사 배우자가 조금도 변하지 않는다고 하더라도 내 태도가 바뀌면 부부 사이는 달라질 수 있다. 그리고 두 사람의 관계에 변화가 오면 언젠가는 배우자도 바뀔 수 있다.

"오늘 날씨가 추우니 옷 따뜻하게 입고 가"라는 엄마의 말에 여고생 딸이 "제발 나 좀 내버려둬"라고 화를 내는 상황을 생각해보자. "당신, 오늘 몇 시에 들어와?"라고 묻는 아내의 말 한마디에 "내가 그런 것까지 일일이 다 보고하고 다녀야 돼?"라며 불같이 화를 내는 남편이 있다고 하자. "당신, 장모님에게 용돈 드렸어?"라고 묻는 남편에게 "내가 무슨 친정으로 돈 빼돌리는 도둑X이냐"고 퍼붓는 아내가 있다면 거기에는 남모르는 이유가 있는 법이다.

말이 이런 식으로 오가다 보면 듣는 사람 역시 반사적으로 화를 내면서 싸우기 쉬운데, 그것이야말로 파국으로 가는 지름길이다. 비난받는 기분이 들거나 상대가 나를 조종하는 듯한 느낌이 들 때는 즉각 감정적으로 반응하기에 앞서 크게 한번 심호흡을 해보자. 그리고 저렇게 화를 내는 이면에 뭐가 있을까 곰곰이 따져볼 필요가 있다.

상대가 나의 민감한 부분을 건드릴 때 우리는 순간적으로 방어적인 자세를 띠게 된다. 비난받기 싫어서, 간섭받기 싫어서, 자신의 상처나 결점을 노출하기 싫어서, 때로는 더 인정받고 싶은 마음에 화를 내거나 흥분을 하는 것이다.

이런 경우 대부분은 충족되지 않은 욕구의 폭발이라고 보면 크게 틀리지 않다. 딸은 고등학생쯤 되었으니 옷 입고 가는 것 정도는 이제 자신에게 맡겨달라는 존중받고 싶은 욕구, 남편은 지나치게 세세한 부분까지 간섭받고 싶지 않다는 자유의 욕구, 아내는 남편으로부터 신뢰받고 싶다는 욕구가 좌절되어 감정이 폭발한 것이라고 볼 수 있다. 이때 상대방의 말은 감정을 폭발시키는 도화선일 뿐, 말 그 자체가 분노의 직접적인 원인은 아니다. 따라서 "내 말은 그런 뜻이 아니지 않느냐"고 따지며 감정적으로 받아들이는 것은 별 도움이 안 된다. 상대방이 진정으로 원하는 것이 무엇인지, 분노의 근본적인 원인을 정확하게 읽어내어야 문제의 실마리를 풀 수 있다.

받아들일 수 없는 일은 분명하게 "No!"

상대방의 비난을 도저히 받아들일 수 없는 경우, 아무리 가족이라고 해도 참는 것만이 능사는 아니다. 이럴 때는 자신의 생각을 침착하게 전달해야 한다. 문제의 본질을 벗어난 비난이나 평가, 인신공격이나 인격 모독, 근거 없는 추측이나 단정에 대해서는 분명히 짚고 넘어갈 필요가 있다.

예를 들어 육아나 가사보다 자기 일에 더 많은 시간과 정성을 들이는 아내에게 남편이 "당신은 항상 그렇게 이기적이다. 왜 집안일을 돌보지 않느냐. 그럴 때 보면 장모님 꼭 닮았다. 그 엄마에 그 딸이라더니, 집안일이 당신에겐 그렇게 아무것도 아니냐"라고 비난을 했다고 하자. 하지만 아내는 자기 일이 소중하고 일을 통해 수입을 얻는 것이 가정경제에 큰 도움이 된다고 생각하고 있다. 그러니 아내도 자신이 주부 역할을 훌륭하게 해내지 못하고 있다는 것은 알고 있지만, 남편의 비난을 그대로 수용하기 어려울 것이다.

이때 아내는 자신이 일에 몰입하는 것은 단순히 자아실현에 대한 욕구 때문만은 아니라는 것을 밝히고, 친정엄마까지 거론한 것에 대해서는 바로잡고 넘어가는 것이 좋다. 하지만 상대방의 비난을 비난으로 되받아치는 것은 소모적인 싸움을 불러일으킬 뿐이다. 화가 치밀어 오를수록 이성적으로, 침착하게 자신의 생각을 전달해야 대화가 이루어진다. "이기적이라는 그 말만 빼면 나도 받아들일 용의가 있다. 그 엄마에 그 딸이라는 얘기만 취소하면 나도 좀 더 집안일에 신경을 쓰도록 노력하겠다"는 정도면 무난하다.

불필요한 오해를 받거나 사실과 전혀 다른 비난을 받았을 때는 단호하게 거부 의사를 밝히고 틀린 부분을 바로잡아야 한다. 내가 표현하지 않으면 상대방은 나의 감정을 헤아리기 어렵고, 또 어떤 일은 때를 놓치면 다시는 바로잡을 기회가 없을 수도 있다. 그러나 그런 표현마저 하기 힘들 만큼 극도로 흥분된 상태이거나 화가 날 때는 다음에 얘기하자고 양해를 구한 뒤 대화를 중단하거나 자리를 피하는 편이 낫다.

경청의 놀라운 힘

부부나 가족을 상담하면서 처음에는 나도 시행착오가 많았다. 진심으로 귀 기울여 듣기보다는 내 말이 많았고, 상담료를 받았으니 뭔가 도움이 되는 해결책을 주어야 한다는 조급함이 앞섰다. 그러니 내담자의 얘기를 경청하기보다 분석하면서 그 원인을 찾기에 바빴다. 다음 일정 때문에 시계를 보고 내담자의 얘기를 가로막기도 했으며, 진심으로 내담자의 고통에 대해 공감하려는 노력도 부족했다.

여러 가지로 고민하던 나는 모든 것을 내려놓고 '그저 내담자의 입장이 되어 진심으로 함께하기', '물 흐르듯이, 함께 춤을 추는 것처럼 집중해서 경청만 하기'에 몰두했다. 그랬더니 내가 별로 해준 것이 없는데도 불구하고 내담자들은 해결의 실마리를 찾았다며 몇 번이나 감사 인사를 했다.

한번은 시어머니가 항상 자기 말만 하고 사소한 것까지도 사사건건 문제를 삼을 뿐 아니라 걸핏하면 30년 전 자신의 시집살이를 거론하며 비교하는 통에 못 살겠다며 한 여성이 상담을 청해왔다. 그 후 이 여성은 상담을 통해 그 동안 시어머니의 얘기를 건성으로 듣고, 부정하고 거부하는 듯한 표정과 몸짓으로 일관한 자신에게도 문제가 많았음을 깨닫게 되었다. 이 여성에게 시어머니의 얘기를 귀 기울여 듣고 적극적으로 공감해보라고 조언해주었더니 고부 관계가 대단히 좋아졌다고 했다.

서로 마주하는 것조차 고통스러워 관계를 포기하려고 했던 부부가 서로의 대화법에 변화를 가지면서 부부 사이가 몰라보게 좋아진 예도 많다. 상대방이 나를 이해하고 공감하려고 노력한다는 것을 아는 것만으로도 두 사람의 관계는 호전된다. 나를 이해해주지도 않는 사람에 의해 변화되려고 하는 사람은 없다. 하지만 자신을 표현하고 싶은 욕구와 이해받고자 하는 욕구가 충분히 충족되면 사람들은 스스로 변화하려고 하는 법이다.

　남편이 말을 안 해서 답답해 못 살겠다고 불평하기 전에 내가 내 얘기만 하고 있는 것은 아닌지 돌아보고, 남편의 관심사에 대해서 물어보고 또 진심으로 귀 기울여 들어보자. 아내 또는 남편이 매사를 감추며 나를 속인다고 비난하지 말고, 마음 놓고 얘기할 수 있는 분위기부터 만든 뒤 배우자의 고민과 고통을 함께 느껴보자. 진심으로 공감하면서 귀 기울여 들어주는 선물을 가족에게 주면 나도 곧 그 선물을 받게 된다. 그것이 바로 경청의 놀라운 힘이다.

말하기를 다시 배워라

내가 아는 교수 한 분이 스페인 산티아고의 순례길 800km를 걷고 돌아왔다. 그는 이 무리한 여행을 별 준비 없이 시작했고, 그로 인해 얼마나 고생이 심했는지에 대해 들려주었다. 그가 산티아고에서 얻은 가장 큰 깨달음은 '걸음걸이가 올바르지 않으면 탈이 날 수밖에 없다'는 것이라고 했다.

나 역시 몇 년 전에 비슷한 경험을 한 적이 있다. 도보로 전국 일주를 하는 작은형님을 응원하러 갔다가 혼이 난 것이다. 형님과 함께 며칠 걸어볼 요량으로 합류했지만 40km쯤 걸으니 고관절에 무리가 와서 걷기가 불편했다. 뒤에서 나를 지켜보던 형님은 내가 약간 안짱다리라며 팔자걸음으로 걸어보라고 했다. 나는 발을 과장되게 벌리고 걸어보았다. 그랬더니 놀랍게도 관절 부위의 통증이 싹 가시는 것이 아닌가. 자신의 걸음걸이에 무슨 문제가 있는지도 모른 채 50여 년을 살아온 내 자신이 부끄러워지는 순간이었다.

하물며 말하는 방법이야 말해 무엇하겠는가. 사실 걷는 습관은 좀 나빠도 큰 문제는 없다. 자기 다리 아프고 다른 사람 보기에 좀 안 좋아서 그렇지, 누군가에게 피해를 주거나 관계에 문제가 생길 정도의 일은 아니다. 하지만 말하는 방법에 문제가 있으면 자신의 생각이나 느낌, 욕구를 분명히 드러내기 어렵고, 불필요한 오해를 불러일으킬 수도 있다. 이런 식으로 대화에 문제가 발생하면 나와 타인의 관계를 해치고, 사람들의 마음에 상처를 주게 된다.

싸움을 만드는 말, 변화를 이끄는 말

나는 오래전부터 우리말에 대해 남다른 관심을 가지고 의사소통에 대한 책을 읽고 교육도 받아왔다. 그런데도 아직 내 생각과 느낌을 효과적으로 전달하는 데 어려움을 느낄 때가 많다. 하지만 마셜 로젠버그 박사의 비폭력 대화 모델을 만나고 나서부터는 다른 사람들에게도 이 방법을 적극 권장하고 있다.

비폭력 대화 모델은 '관찰-느낌-욕구(필요)-부탁(요청)'의 4단계로 이루어져 있다. 모든 대화를 이 모델에 맞춰서 할 수도 없거니와 그럴 필요도 없지만, 이 방법을 잘 익혀서 내 것으로 만들어두면 놀라운 효과를 경험할 수 있을 것이다.

예를 들어 공부방을 엉망으로 해놓은 중학교 2학년 딸 때문에 화가 난 엄마가 있다고 하자. 효율적인 대화의 기술을 모르는 엄마는 이렇게 반응한다.

"야, 도대체 이게 뭐야? 이건 완전 돼지우리네! 너는 손이 없냐, 발이 없냐? 말만 한 계집애가 자기 방 청소도 하나 못하고……. 이거 빨리 안 치워!"

서슬이 퍼런 엄마가 무서워 딸은 방을 치운다. 하지만 속으로는 구시렁구시렁 온갖 불만이 가득할 것이다.

그러나 똑같은 상황에서 전혀 다른 반응으로 전혀 다른 결과를 만들어내는 엄마도 있다.

"희진아, 브래지어는 저기 침대 위에 있고, 양말은 책상 밑에, 교복은 또 의자 위에 걸쳐져 있네(관찰). 저런 걸 보면 엄만 막 짜증이 나고 화가 나(느낌). 우리 딸이 적어도 자기 일은 자기가 알아서 해주기를 바라거든(욕구). 희진아, 너보고 빨래를 하라는 게 아니라 빨래를 빨래통에 넣어만 주면 좋겠어(부탁)."

조용조용한 엄마의 말에 딸은 왠지 부끄럽고 죄송한 마음이 들어 묵묵히 자기 방을 치우지 않을까? 이것이 바로 비폭력 대화의 효과이다. 물론 엄마의 말 한마디로 모든 습관이 다 고쳐지지는 않을 것이다. 하지만 반복되는 말다툼과 싸움 대신 엄마가 원하는 대로 딸이 변화하고 모녀 관계도 큰 갈등 없이 지킬 수 있게 된다.

관찰-느낌-욕구-부탁, 비폭력 대화 모델 4단계

제1단계 관찰 _ 있는 사실만 그대로 표현한다

그러나 비폭력 대화에 익숙해지기까지는 시간이 걸린다. 제1단계인 '관찰'만 하더라도 유심히 관찰한 뒤 객관적인 사실만 있는 그대로 얘기하면 되는데 주관적인 평가나 판단이 개입되어 거부감을 불러일으키는 경우가 많다. 방이 '돼지우리 같다'는 표현도 '사실'이 아니라 엄마의 부정적인 '평가'가 들어 있는 말이다.

다음의 표현들도 마찬가지이다. 얼핏 보면 있는 사실을 있는 그대로 얘기하는 것 같지만 실은 말하는 사람의 부정적인 평가가 뒤섞여 있다.

"당신은 어떻게 매일 술이에요? 단 하루도 빼놓지 않고."
"진수, 너 왜 엄마 무시해?"
"당신, 내가 요즘 돈 못 번다고 우리 집까지 우습게 보는 거야?"

이런 표현들을 평가가 배제된 객관적인 관찰로 바꿔보면 다음과 같이 달라진다.

"당신 그저께, 어제, 오늘 계속 술 마시고 12시 넘어 들어왔어요."
"진수야, 엄마가 문자를 세 번씩이나 보냈는데 왜 연락을 안 했어?"
"당신, 올해 아버지 어머니 결혼기념일 그냥 넘어간 것 알아?"

제2단계 느낌 _ 생각이나 가치판단을 빼고 느낌만 말한다

제2단계인 '느낌' 역시 결코 쉽지 않다. 우리는 어떤 일을 대할 때 내 느낌이 어떤지도 정확히 모를뿐더러 느낌을 표현하는 단어도 무척 빈약하다. 그리고 '느낌'이라는 단어만 사용했을 뿐, 내 생각이나 해석, 평가를 느낌이라고 착각하는 경우가 많다.

"내가 출근할 때 당신이 나와 보지도 않으면 꼭 무시당한 느낌이야."

"남편만 아니라면 막 패주고 싶은 느낌이에요."

첫 번째 표현은 나의 느낌이 아니라 당신이 나를 무시하고 있다는 내 생각을 나타내는 말이다. 그리고 두 번째 표현 역시 내가 상상하는 행동을 나타내는 말로 느낌이라고 보기 어렵다. 두 가지 예문을 느낌으로 다시 표현해보면 다음과 같다.

느낌을 표현할 때 활용할 만한 단어들

기쁘다, 흐뭇하다, 뿌듯하다, 상쾌하다, 안락하다, 감동스럽다, 고맙다, 놀랍다, 흡족하다, 유쾌하다, 명랑하다, 즐겁다, 짜릿하다, 시원하다, 신바람 난다, 반갑다, 사랑스럽다, 뭉클하다, 후련하다, 든든하다, 근사하다, 아늑하다, 행복하다, 자랑스럽다, 황홀하다, 통쾌하다, 멋있다, 재미있다, 흥분된다, 기쁨에 넘치다, 믿음직스럽다, 감격스럽다, 짜릿짜릿하다, 평화롭다, 예쁘다, 자랑스럽다, 따뜻하다, 부드럽다, 정답다, 상냥하다, 미친 듯이 기쁘다, 날아갈 듯이 홀가분하다, 살맛 난다, 신 난다, 눈물겹다, 마음이 확 열린다, 벅차다, 산뜻하다, 싱그럽다, 야릇하다, 환상적이다, 재미있다, 후련하다, 그립다, 자신만만하다, 믿을 만하다

"내가 출근할 때 당신이 나와 보지도 않으면 힘이 빠져. 그리고 내가 초라해 보여."

"막 화가 나요."

이때는 '당신은 이기적이야', '당신은 너무 쫀쫀해', '당신은 너무 짠순이야'처럼 부정적인 꼬리표나 딱지, 낙인을 찍는 일은 삼가야 한다. 이러한 표현들 역시 부정적인 내 가치판단이 개입된 말이다. 내가 이기적이라고 생각하는 행동을 남편이 했을 뿐이지, '이기적'이라는 표현 자체는 나의 평가나 생각을 나타내는 말이기 때문이다. 그러니 제2단계에서는 관찰한 사실에 근거하여 내 느낌만을 전달하도록 유의해야 한다.

느낌을 표현하는 어휘를 늘려나가는 것도 자신의 느낌을 정확하게 읽고 표현하는 데 도움이 된다. 단순히 기분이 좋다 또는 나쁘다, 슬프다, 화난다 정도가 아니라 더욱 다양한 단어를 통해 내 느낌을 구체적으로 표현할 수 있어야 한다.

제3단계 욕구 _ 느낌과 더불어 욕구를 표현한다

이런 느낌들은 바로 '욕구'로부터 비롯되는 것이다. 다음의 예문에는 어떤 욕구가 깃들어 있는지 살펴보자.

"당신, 일하고 결혼했어요, 나하고 결혼했어요?"

이 말은 남편과 좀 더 많은 것을 함께하고 싶은 친밀감과 애정의 욕구가 충족되지 못해서 나온 표현이라고 할 수 있다. 그러나 이런 식의 얘기를 들은 남편은 아내가 자신을 비난하는 것으로 받아들여 일단 거부감부터 갖게 된다. 그리고 이렇게 불평하는 투로 얘기하면 내가 무엇을 원하는지 제대로 전달하기 어렵다.

사람들은 자신의 욕구가 충족되지 않을 때 습관적으로 다른 사람을 비난한다. 자식으로부터 존경받고 싶은 욕구가 좌절됐을 때 "요즘 애들이 돼먹지 않았다"고 자녀들만 탓하는 부모도 있고, 시집 식구들로부터 인정받고 싶은 욕구가 충족되지 않으면 "당신네 집안사람들은 도대체 왜 그 모양이냐"며 남편을 들볶는 아내도 있다.

하지만 자신의 욕구를 정확하게 표현하지 못하면 욕구의 해소 자체가 어려워진다. 이렇게 억눌리거나 극대화된 욕구는 결국 걷잡을 수 없는 화가 되어 분출된다. 특히 가족이 좋아하는 행동과 말만 하고 자신을 돌보지 않는 '정서적인 노예' 생활이 지속되다 보면 언젠가는 사소한 일에 감정이 폭발할 때가 있다. 그러면 가족은 "이 정도 일에 왜 그렇게까지 과민 반응을 하지?" 하며 오해를 키우게 된다.

이런 악순환의 고리 안에 갇히지 않으려면 자신의 욕구를 정확하게 파악하고 솔직하게 표현할 줄 알아야 한다. 욕구는 느낌과 연결하여 표현하면 효과적으로 전달할 수 있다. 함께 술 한잔하자는 제의를 아내가 번번이 거절한다면 이렇게 얘기해볼 수 있다.

"여보, 내가 꼭 술이 먹고 싶어서가 아니라 사랑하는 당신과 대화를 나누며 함께 있고 싶은 거지(욕구). 그런데 당신이 술자리를 매번 거절하면 거부당한 것 같아서 가끔 외로울 때가 있어. 마음이 허허롭기도 하고, 혼자 술 마시고 있는 내 모습이 조금은 쓸쓸하기도 하고 (느낌)……."

남편이 이렇게까지 말하는데도 나 몰라라 하고 외면하는 아내는 없을 것이다.

제4단계 부탁 _ 명령이나 지시보다 완곡하게 부탁한다

부탁은 실천 가능한 것을 구체적이고 긍정적으로 하는 것이 좋다. 부탁을 추상적이고 모호하게 하면 내가 무엇을 원하는지 정확하게 전달되지 않는다. "나한테 신경 좀 써줬으면 좋겠어요"가 아니라 "적어도 내 생일과 결혼기념일만큼은 함께 식사라도 했으면 좋겠어요"라고 표현해야 자신이 원하는 것을 효과적으로 얻어낼 수 있다. 또 금지나 중단을 요구하는 것보다는 긍정적인 개선 방향을 제안하는 편이 훨씬 효과적이다. "술 좀 그만 마셔요"보다는 "술 마시더라도 12시 안에는 들어왔으면 좋겠어요"라거나 "술 마신 날에는 반드시 대리운전을 하고 오면 좋겠어요"라고 표현하는 것이 바람직하다.

아이들에게도 마찬가지이다. 아이들에게 뭔가를 부탁하는 것이 익숙지 않은 어른의 경우, 자녀에게 부탁하라고 하면 일방적인 명령이나 지시로 일관하는 경우가 많다. "TV 꺼!", "게임 그만두지 못해?" 식의 명령이나 지시에는 자녀의 입장이 전혀 고려되어 있지 않다. 그러니 '부탁'이 아닌 것이다. 이런 표현은 "숙제 먼저 하고 나서 TV 보면 안 될까?", "게임은 평일에 1시간, 주말엔 3시간 이내로 하면 좋겠어" 정도로 바꾸면 좋다. 명령과 지시는 거부감이나 반항을 불러일으킬 수 있지만 완곡한 부탁은 거절하기 어려운 법이다.

칭찬과 격려는 변화를 이끄는 힘

남편의 흡연 때문에 몇 년씩이나 전쟁을 치르고 있지만 그 지긋지긋한 싸움이 끝나지 않아 속상해 죽겠다는 주부가 있었다. 그래서 비폭력 대화 방법을 연습한 뒤, 남편과 대화를 시도하게 했다.

"여보, 아버님도 폐암으로 돌아가셨는데 담배를 하루에 두 갑씩이나 피우니(관찰), 난 너무 걱정이 돼요(느낌). 아이들이 다 클 때까지는 우리 두 사람 다 건강하게 살았으면 좋겠거든요(욕구). 지금 당장 담배 끊으라는 얘기가 아니라, 당신이 담배 끊는 데 내가 어떻게 도와줄 수 있는지 방법이라도 같이 얘기해보자는 거예요(부탁)."

이때는 '끊는다고 해놓고 또 못 끊으면 어떻게 하나' 하고 실패를 두려워하는 남편의 마음까지 읽어주면 더욱 좋다. 아내가 나를 '말만 앞세우는 사람', '의지가 약한 사람'이라고 비웃지나 않을까 하는 걱정, 그리고 아이들 앞에서도 떳떳하지 못한 아버지의 심정까지 토닥거려주면 남편도 마음을 열고 대화에 응할 것이다. 그리고 담배 냄새가 나도, 설사 병이 들어 아파 누워도 당신은 내 남편이라는 믿음을 확실하게 심어준다면 금연에 성공할 날도 머지않을 것이다.

만약 상대방이 내 부탁대로 100% 실천을 하지 못할지라도 노력하는 자세를 보이거나 조금이라도 나아질 기미가 보이면 인정과 격려,

감사와 칭찬을 아낌없이 해주어야 한다. 처음엔 좀 어색하더라도 칭찬하고 격려할 '때'를 호시탐탐 노리고 있다가 조금은 과도하게 칭찬을 퍼부어보자. 한두 살 먹은 어린애도 아닌데 꼭 그렇게까지 해야 하느냐고 불평할 것 없다. 그렇게 해서 상대가 달라질 수만 있다면 아이 하나 더 키우고 있다고 생각하면 그만이다.

대화의 기술, 연습을 통해 단련하라

물론 비폭력 대화법을 활용한다고 해서 반드시 4단계를 기계적으로 밟아야 하는 것은 아니다. 상황에 따라 사실과 느낌만 얘기할 수도 있고 부탁만 할 수도 있다. 조건부는 아니지만 부탁을 한 다음 "그 부탁을 들어주면 나 역시 당신이 원하는 것을 해주겠다"고 약속한다면 효과는 더욱 커질 것이다.

또 대화 기술을 적용하는 데만 초점을 맞추거나 상대방의 행동을 바꿔놓을 목적으로 어설프게 접근하면 부작용이 생길 수 있으므로 주의가 필요하다. 서로에 대한 이해와 공감이 부족하면 상대가 나를 조종하려 들거나 실험 대상으로 쓰는 것 같은 느낌이 들어 불쾌할 수 있기 때문에 대화를 할 때는 항상 진심을 담아서 해야 한다.

대화를 할 때는 시간이나 장소, 여건 등을 잘 살펴서, 이 얘기를 해도 될 만한 상황인지 아닌지를 따져보는 것도 중요하다. "잠깐 얘기 좀 해도 되겠느냐"고 양해를 구하는 것은 마음의 문을 노크하고 들어가는 매우 효과적인 방법이다. 성급하게 해결책을 제시하려고만 드는 남편이라면 "그저 내 얘기를 들어주기만 하면 좋겠다"고 미리 부탁을 하는 것도 좋다. "이래라저래라 하지 마"라는 남편에게는 '내가 어떻게 얘기를 해야 지시하고 명령하는 것처럼 들리지 않을 수 있는지' 그 방법을 남편에게 물어보는 것도 한 방법이다. 그리고 내 얘기를 항상 건성으로 듣고 그저 "알았어, 알았어"라고만 하는 남편이나 자녀에게는 내가 얘기한 것을 다시 한번 말해달라고 정중하게 부탁하는 것도 도움이 된다.

수영을 가르칠 때 이론만 가르치고 실습을 생략하는 법은 없다. 골프나 피아노도 수없이 많은 연습과 피나는 노력이 뒤따라야 좋은 결과를 얻을 수 있다. 대화도 마찬가지이다. 이제 말하는 방법에 대한 기본적인 지식을 갖추었으니 연습하고 또 연습할 일만 남았다. 대화의 기술도 연습을 통해 단련되고 향상된다는 것을 기억하기 바란다.

대화의 복기

바둑에 복기라는 것이 있다. 쉽게 얘기하자면 바둑을 두고 나서 다시 한번 두어보는 것이다. 내가 뭘 잘못 했는지, 그리고 어떤 수를 잘 두었는지를 분석하면서 기력을 쌓아나가는 것이다. 대화도 마찬가지이다. 대화법에 관한 책을 읽고 교육도 받아보지만 실제 감정적인 대화가 몇 마디 오가다 보면 배운 대로 잘 되지 않는다. 습관적으로 예전의 나쁜 버릇이 튀어나오고, 자신이 무슨 말을 하고 있는지조차 알지 못하는 경우가 많다. 설사 또 한 번 실수를 한 경우라도 나중에 자신의 대화 과정을 '복기'해본다. 특히 말다툼을 한 뒤에는 반드시 복기를 해보는 것이 좋다. 마음이 가라앉은 뒤에 돌이켜보면 '그때 내가 그렇게 얘기하지 않고 이렇게 얘기했더라면 훨씬 더 좋았을 텐데' 하는 생각이 들 것이다.

분란을 일으키지 않고
나를 주장하는 7가지 법칙

'감히'라는 병과 '차마'라는 병이 있다. 다른 사람이 좋아하는 행동과 말만 하면서 다른 사람을 조금이라도 기분 나쁘게 할까 봐 안절부절못하는 병이다. 받아들이기 힘든 부탁도 차마 거절하지 못해 수락하곤 돌아서서 후회하고 스트레스 받으며 투덜거린다면 병도 큰 병이다. 이런 사람들은 자신에 대해 짜증이 나고 억울하고 울화가 치밀며, 열등감과 무력감에 우울해한다. 하지만 상대의 뜻에 반하는 말을 하려고 하면 가슴이 두근거리며 무섭고 그 사람 얼굴만 봐도 몸이 오그라드니 치유하기도 쉽지 않은 중병이다.

상담실을 찾는 사람들 중에도 이런 사람이 많다. 폭군 같은 남편이나 아버지 앞에서 한마디도 하지 못하는 아내나 자녀들, 자신은 물론 친정까지 무시하고 업신여기는 시어머니 앞에서 좌절하는 며느리, 빚내서 빌려준 돈을 갚을 생각은 않고 그 돈으로 사치하는 형 때문에 아내와 갈라설 위기에 놓인 동생, 자신의 공로를 가로채고 고부간을 이간질시키는 동서 때문에 정신과 치료까지 받는 여성 등…….

그러나 '감히'와 '차마'라는 병에 걸린 피해자들은 말 한마디 못하고 냉가슴을 앓으면서 하루하루 시들어간다. 악의적으로 가족을 괴롭히고 상처를 주려는 의도는 아니더라도, 타인의 권리에 대해 무관심하고 다른 사람의 입장을 이해하는 공감 능력이 부족한 사람은 반복적으로 이런 횡포를 일삼는다. 인정하고 싶지는 않지만, 개중에는 악랄하게 가족을 짓밟고 가족을 희생시키며 그 값으로 사는 사람도 있다.

그러나 피해자를 자처하며 상대를 비난하기 전에 본인에게도 책임이 있음을 알아야 한다. 그들이 나를 만만하게 보고 무시하고 괴롭히도록 내버려두었기 때문에 내가 표적이나 희생양이 된 것이다. 문제가 많은데도 별문제 없는 것처럼 자신을 속이는 것이나, 가족과 잘 지내고 그들의 인정을 받기 위해서 대결을 피하는 것 모두 결국은 자신을 부정하고 자신의 존엄성을 스스로 짓밟는 행동이다.

나를 표현하고 주장하거나 나의 권리를 요구하는 것이 가족을 괴롭히는 일은 아니다. 나의 생각과 욕구를 주장하는 일이 반드시 공격적일 필요도 없고, 가족을 모욕하는 일도 아니다. 갈등이 오히려 가족을 성장시키고, 가족 문제를 개선하고, 가정에 활력소가 될 수도 있다는 사실을 받아들이면 가족의 행복을 일구는 일이 훨씬 쉬워진다. 물론 그러기 위해서는 가정에 분란을 일으키지 않고 내 주장을 표현하는 법을 익혀야 한다.

변화를 예고하여 상대가 준비할 수 있게 한다

앞으로는 나의 생각을 좀 더 분명하게 주장하기로 결심했다면, 가족에게 "앞으로는 내 생각을 좀 더 적극적으로 주장하더라도 너무 놀라거나 부정적으로 보지 말라"는 부탁을 미리 해두는 것이 좋다. 가족이 마음의 준비가 전혀 되어 있지 않은 상태에서 전에 없던 행동과 발언을 접하게 되면 당혹해하고 화를 낼 수 있기 때문이다.

물론 가족이 이런 부탁 자체를 의아하게 생각할 수도 있다. 하지만 한두 번 그런 경우를 접하다 보면 가족도 조금씩 적응하면서 태도가 달라지기 시작할 것이다.

상대의 의도를 분명하게 확인하는 과정을 거친다

상대가 마음에 걸리는 말을 하면 그 말이 무슨 뜻으로 한 말인지 그 진의를 먼저 물어보는 것이 좋다. 의도를 자칫 잘못 해석해서 오해를 하면 상대방이 공격할 수 있는 빌미만 제공하기 때문이다.

"60평대 아파트에 한 번도 못 살아본 사람은 사람도 아니네."

자기보다 잘사는 동서를 질투하며 사사건건 빈정대는 큰동서가 이렇게 말했다고 하자. 그러면 그 진의를 정중하게 물어보기 바란다.

"형님, 그 말씀이 무슨 뜻이에요?"

이런 질문을 받은 큰동서는 당황해하면서 "그냥 부러워서 하는 소리"라고 둘러대겠지만, 앞으로는 공개적으로 빈정대거나 비꼬지는 못할 것이다. 진의가 무엇이냐고 묻는 것만으로도 효과는 확실하다.

상대방의 눈을 보면서 이야기한다

아이들이 거짓말을 할 때 관찰을 해보면 눈을 제대로 맞추지 못하고 고개를 숙이거나 자꾸만 시선을 돌린다. 이렇게 눈을 맞추지 못하면 왠지 부정직하거나 당황해하고 창피해하는 듯한 느낌을 주어 설득력이 떨어진다. 가족 간에도 상대방의 눈을 쳐다보면서 얘기를 해야 나의 주장에 힘이 실리는 법이다.

셰익스피어는 "말에는 들리는 말과 보이는 말, 두 가지가 있다"고 얘기한 바 있다. 실제로 자세나 표정, 제스처, 눈 맞춤 등의 몸짓언어는 귀로 듣는 음성언어보다 더 많은 뜻을 전달한다. 그렇기에 나의 주장을 표현할 때는 상대방의 눈을 쳐다보며 당당하게 얘기해야 한다.

물론 눈을 보고 얘기한다고 해서 계속해서 상대방의 눈을 노려보라는 것은 아니다. 상대방의 양쪽 눈과 코, 이마, 턱으로 시선을 적당히 옮겨가면서 눈을 보고 얘기하면 된다. 이런 식의 대화 태도는 상대방이 내 이야기에 집중할 수 있게 하며, 나 역시 상대방의 반응에 주목할 수 있어서 대화의 효율을 높여준다.

요점만 간단하고 분명하게 얘기한다

"제가 혹, 가족 간의 화목을 깨는지 모르겠지만……."
"제가 너무 예민하게 반응한다고 생각하실지 모르겠는데……."
"제가 이렇게 얘기하면 너무 이기적이라고 보실지 모르지만……."
"버릇없다고 나무라실지 모르지만……."

이런 식의 지나치게 조심스러운 서두는 오히려 부정적인 효과를 불러일으킨다. 그런 군더더기를 전제로 하면 듣는 사람이 정말로 나를 버릇없고 이기적이며, 과민 반응하거나 가족 간의 화목을 깨는 사람으로 치부하기 쉽다.

자신의 뜻을 전달하고자 할 때는 부인하거나 사과하고 변명하거나 장황하게 설명하지 말고 바로 요점만 말하는 것이 좋다. 형제 중 누군가가 없는 돈을 빌려달라고 할 때 우리 집 빚이 얼마이며, 요즘 장사가 잘 안 되고 그래서 아이들 학원에도 못 보낸다는 얘기까지 늘어놓을 필요는 없다. 지난번에 빌려간 돈도 아직 안 갚았는데 또 빌려줄 수 없다고 딱 잘라 말하면 그만이다.

갑자기 전화를 걸어 차 좀 빌려달라고 말하는 언니에게 괜한 거짓말을 늘어놓았다가 그 거짓말을 수습하기 위해 나중에 또 다른 수고를 할 필요는 없다. 짧지만 정중하게, 나도 오늘 차를 써야 하고 솔직히 뽑은 지 얼마 되지도 않은 새 차라 빌려주기 싫다고 얘기하면 된다. 그 순간은 언니가 잠시 서운해할 수 있겠지만 형제자매 간에도 빌려주기 곤란한 것이 있다는 것을 일깨워줄 필요가 있다.

받아들일 수 없는 부탁은 단호하게 거절한다

다른 사람의 부탁을, 그것도 가족이나 어른의 부탁을 거절하는 것은 불가능하다는 생각이 들 만큼 힘들 때가 있다. 하지만 곤란한 부탁을 마지못해 수락하고 상대방을 비난하거나 원망하면서 끌려 다니는 것보다는 나의 상황을 솔직하고 정중하게 밝히는 것이 좋다.

그렇다고 해서 진정으로 내 도움을 필요로 하는 가족의 부탁마저 거절하라는 얘기는 아니다. 가족의 노고나 희생에 고마워할 줄도 모르고 자기가 원하는 것을 얻는 데만 관심이 있는 사람, 부탁을 가장한 강요를 해놓고 거절하면 두고두고 욕하고 동네방네 소문내는 뻔뻔한 사람의 부탁을 두고 하는 말이다.

특히 자식이 부모의 도움이나 지원을 당연한 것으로 알고 동정심을 유발하거나 은근히 부모를 위협까지 한다면 단호하게 거절해야 한다. 그것은 부모의 권리이자 책임이다. 어학연수를 안 보내주면 학점을 제대로 받을 수 없다거나 용돈을 올려주지 않으면 집을 나가 아르바이트라도 해야겠다는 말은 부탁이 아니라 위협이며, 즉시 고쳐주지 않으면 안 될 못된 버릇이다.

상대방의 부탁을 조건부로 수락한다

상대방의 부탁을 조건부로 수락하는 것도 해결책이 될 수 있다. 여동생 내외가 여행을 가면서 강아지를 맡아달라고 했을 때, 우리 집에 데리고 있을 수는 없지만 바로 옆 동네에 사니 때가 되면 먹을 것은 챙겨주겠다는 식의 타협안을 제시할 수 있다. 또 "나, 내일 병원에 가야 하니 차 갖고 데리러 오라"는 시아버지에게 "내일은 중요한 약속이 있어서 안 되지만 모레는 꼭 모시러 가겠다"는 식으로 대안을 제시하면 서로가 만족하는 '윈윈'이 될 수 있다.

경우에 따라서는 남편을 팔거나 부모님 핑계를 대는 경우도 있을 수 있다. 하지만 내 의견을 당당하게 밝히고 책임 역시 본인이 지는 성숙함을 연습해야 한다.

"아버지, 이번 여행은 두 분이서 오붓하게 다녀오시죠. 저도 올해만큼은 집사람과 둘이서만 휴가를 보내게 해주시면 좋겠습니다."

"형님, 그날은 제가 안 됩니다. 병원 예약이 되어 있어서요. 함께 합의해서 정한 날짜만큼은 자꾸 바꾸지 않으셨으면 합니다."

막상 얘기를 하면 상대방이 흔쾌히 받아들일 만한 사안조차 말도 해보지 않고 불평하거나 비난하고 탓하는 것은 가족 모두를 위해 좋지 않다. 계속해서 이런 관계를 유지하면서 불행하다고 느끼며 살 것인지, 나의 주장을 단호하게 표현할 것인지는 전적으로 내 몫이다. 내가 원하는 것을 정확하게 얘기하고 주장하지 않으면 다른 사람이 알아서 챙겨주는 일은 드물다.

그러나 충분히 예의를 갖추고 정중하게 내 입장을 설명했음에도 불구하고 내 의견을 무시하고 자기 마음대로 모든 것을 휘두르려고 하거나 오히려 나에게 책임을 뒤집어씌우는 일이 계속된다면 대응 방법을 달리해야 한다. 반응의 강도를 높이거나, 되받아치거나, 적당히 무시하는 것이다. 다만 연장자를 존중해야 한다는 한국적인 문화에 어긋나면 불화가 따를 수 있으니 주의해야 한다.

반격에 대비한 대응 방법을 미리 연습한다

무례하고 경우가 없는 사람일수록 어떤 반응을 보일지 예측할 수 없기 때문에 그 반격을 과소평가해서는 안 된다. 아무리 부드럽고 정중하게 얘기를 한다고 해도 상대방은 나를, 가족의 화목을 깨는 사람으로 몰아붙이거나 이기적이라고 비난하고, 또는 버릇없다고 나무랄 수 있다. 어쩌면 지나치게 과민 반응을 한다면서 죄책감을 불러일으키거나 유머도 이해하지 못하는 꽉 막힌 사람 취급을 할 수도 있다. 부인하거나 덮어씌우거나 성격 탓으로 돌리기도 하고, 자신이 오히려 피해자가 된 것처럼 연기를 하기도 한다. 아니면 못 본 척 무시하거나 교묘한 방법으로 따돌리기도 할 것이다.

이런 사람에게는 사전에 대응 연습을 해두는 것이 크게 도움이 된다. 할 말을 글로 미리 써보거나, 거울 앞에서 연습을 해보거나, 당당하게 자기주장을 펴는 내 모습을 떠올려보는 것도 좋은 방법이다. 또 용기를 내어 내 주장을 얘기하면 표현 부족으로 발생할 수 있는 오해와 불신의 벽이 허물어지고 화목한 가족 관계를 회복할 수 있다는 신념을 갖는 것도 매우 중요하다. 실제로 나 자신을 당당하게 표현했다는 기쁨과 자신감, 자부심을 찾게 되면 '나는 내 삶의 주인공'이라는 자존감을 회복할 수 있어서 나 자신부터 가족을 받아들이는 태도가 달라진다. 이런 모습은 자녀에게도 좋은 역할 모델이 되어 자녀의 원만한 인간관계에도 좋은 영향을 줄 수 있다.

가족을 위한 다양한 대화의 기술

대화의 기술은 하루아침에 완성되는 것이 아니다. 나와 우리 가족에게 적합한 방법을 찾아 끊임없이 시도하는 과정에서 조금씩 발전하고 자리를 잡아가는 것이다. 생활 속에서 실천할 수 있는 작은 대화의 기술을 익혀두었다가 적절히 활용하면 가족의 행복을 만들어가는 데 큰 도움이 될 것이다.

부부 싸움을 막아주는 부부 회담

대화 좀 하자고 시작한 것이 논쟁이 되고, 논쟁이 끝내 부부 싸움으로 치닫는 부부들에게는 부부 회담을 권할 만하다. 부부 회담을 열기 위해서는 사전에 회담 날짜와 장소, 의제를 합의해야 한다. 부부가 마음 편하게 모든 것을 툭 털어놓고 얘기할 수 있는 시간으로 정하되, 회담시간은 1시간을 넘지 않는 것이 좋다. 끝내지 못한 얘기가 있다면 2차, 3차 회담을 계획하면 된다. 장소는 누구에게도 방해받지 않는 조용한 곳이 좋다. 거실, 서재, 아니면 집 근처의 조용한 카페도 무방하다. 의제는 두 사람이 합의하되, 모호하고 거창한 주제보다는 구체적인 토픽이 바람직하다.

시간, 장소, 의제가 정해지면 회담을 시작하기에 앞서 간단한 규칙을 몇 가지 정하도록 한다. 10분씩 또는 5분씩 돌아가며 얘기하되, 순서를 반드시 지켜야 한다는 규칙을 정했다면 옆에 시계를 두고 끝내기 1분 전에 서로 신호를 주기로 한다. 중간에 끼어들거나 반박하고 부인하거나 빈정대지 않는다는 원칙도 중요하다. 이때는 둘둘 만 신문지나 볼펜, 휴대전화, 숟가락 등을 마이크 삼아 마이크를 잡고 있는 사람만 얘기하도록 하면 도움이 된다. 또 아내의 얘기가 끝나면 남편은 아내가 뭐라고 했는지 요약해서 들려주기로 한다. 그렇게 서로의 말을 확인하는 과정을 거치면 서로의 의견을 보다 분명하게 이해할 수 있게 된다.

부부 회담은 일단 내가 하고 싶은 얘기를 방해받지 않고 정해진 시간 동안 말할 수 있다는 장점이 있다. 그리고 배우자의 얘기를 다시 요약해서 말해야 하기 때문에 상대방의 말을 경청할 수밖에 없다. 물론 처음에는 어색하기도 하고, 규칙을 어기거나 다시 언쟁을 벌일 수도 있다. 하지만 횟수가 거듭될수록 스스로 적응해가는 모습과 부부 회담의 놀라운 효과에 감탄하게 될 것이다.

10분간 쓰고 10분간 이야기하는 10&10

천주교에서 실시하고 있는 ME Marriage Encounter, 즉 부부 일치 운동이라는 것이 있는데 그 프로그램에서 사용하는 대화 방법 중 하나가 10&10이다. 부부가 합의한 주제에 대해서 10분씩 각자 편지를 쓰고 그 편지를 교환해서 읽어본 다음, 10분간 대화를 나누는 방법이다.

일단 부부가 각자 공책 한 권씩을 준비한 다음, 조용한 시간에 식탁에 마주 앉아 무엇에 대해서 쓸 것인지 주제를 정한다. 서로에게 하고 싶은 말이 무수히 많겠지만, 주제는 구체적인 내용으로 좁히는 것이 좋다. 10분간 쓰고 10분간 얘기하는 데 거창한 주제는 적합하지 않기

우리 집 재산 목록 만들기

많은 돈과 땅, 넓은 집과 고급 차만 재산이 아니다. 돌아보면 모든 것이 우리 집 재산이요 가족 자원이다. 가까운 곳에 있는 산이나 강, 쇼핑센터, 콘서트홀, 도서실, 종합운동장도 우리 가족이 이용할 수 있는 재산이다. 그리고 아무거나 잘 먹는 식성, 머리만 대면 곧바로 자는 수면 습관, 건강하게 살아 계시는 부모님, 아내의 요리 솜씨, 남편의 유머 감각, 아들의 인사성, 누구와도 잘 사귀는 딸의 친화력 등등…… 언제 한번 날을 잡아서 우리 가족은 얼마나 많은 재산을 가지고 있는지 목록을 작성해보자.

때문이다.

예를 들면 '일주일 동안 서로에게 가장 고마웠던 점은? 또는 서운했던 점은?', '부부 공동의 취미로 무엇을 했으면 좋겠다고 생각하는지?', '그 동안 함께 살면서 가장 고마웠던 일은? 또는 서운했던 일은?', '배우자에게 가장 원하는 것이 있다면?', '자녀들에게 물려주고 싶은 유산을 세 가지만 정한다면?' 등등 일상의 모든 것이 10&10의 토픽이 될 수 있다.

고단한 일상 때문에 피곤하고 힘이 들더라도 매일 10&10을 생활화할 수 있다면 이는 부부 농사에 최고의 비료가 될 것이다. 매일 하는 것이 힘들다면 '일주일에 한 번' 또는 '일주일에 두 번 이상' 식으로 부부가 합의하여 횟수를 정하면 된다. 단, 편지의 서두는 반드시 감사와 칭찬, 격려의 말로 시작하도록 한다. 또한 10&10, 총 20분을 넘기지 않는 것이 좋다. 지나치게 욕심을 내다 보면 이런 활동 자체가 부담이 되어 대화를 기피할 수 있기 때문이다.

몸뿐만 아니라 마음까지 튼튼하게 만드는 가족 식사 대화

가족 식사의 놀라운 힘은 이미 미국 컬럼비아 대학교의 카사CASA 연구진에 의해 밝혀진 바 있다. 연구 결과에 따르면 가족 식사는 청소년의 흡연, 음주, 우울증, 자살률을 낮추는 효과가 있다고 한다. 뿐만 아니라 올바른 식습관을 갖게 하고, 가족 간의 대화를 살아나게 하며, 가족의 유대감과 결속력을 강화시킨다고 한다. 매일 아침 식사를 함께 하거나 저녁 식사를 함께 할 수 있다면 더할 나위 없이 바람직한 일이다.

하지만 그 횟수는 가족의 사정이나 일정에 따라 얼마든지 융통성 있게 조정할 수 있다. 예외 규정이나 규칙을 어겼을 때의 벌칙, 성실하게 참여했을 때의 포상 같은 것을 미리 정해두는 것도 좋다. 나아가 식사만 함께 하는 것이 아니라 장보기나 음식 만들기, 식사 준비, 설거지까지 가족이 분담할 수 있다면 금상첨화이다.

단, 가족이 함께 식사를 할 때는 나무라고 지적하고 불평하는 부정적인 얘기는 가능한 한 삼가도록 한다. 식사 시간에는 오늘 하루 지낸 이야기, 칭찬이나 격려할 일 등 밝고 즐거운 이야기를 화제에 올리는 것이 좋다. '오늘의 유머 한마디' 코너를 만들어서 순서를 정해 돌아가며 웃음을 나눈다면 더욱 즐거운 식사가 될 것이다. 그러나 의무를 지나치게 강조하여 부담감을 준다면 이 역시 가족의 행복을 만들어가는 데 걸림돌이 될 수 있음을 잊어서는 안 된다.

칭찬으로 힘을 주는 칭찬 회의

칭찬의 놀라운 위력에 대해 다시 언급할 필요는 없을 것이다. 칭찬 회의를 정기적으로 개최할 수 있으면 더욱 좋고, 가족회의를 가끔 칭찬 회의로 대체해도 좋다. 가족이 식탁에 둘러앉은 다음 가족 수대로 만든 칭찬카드 또는 A4 용지와 펜을 나누어 준다.

그런 다음 가족 중 한 사람을 먼저 지목한다. 돌아가며 발표를 할 것이기 때문에 순서는 그렇게 중요하지 않지만, 칭찬 회의에 가장 부정적이었던 사람이나 요즘 가장 힘들어하는 사람을 먼저 지목하는 것이 효과적이다. 이제 본인을 포함해서 가족 전원이 그 사람에 대한 칭찬을 카드에 적는다. 가능하면 많이 적는 것이 이 활동의 포인트이다. 단순히 '착하다', '성실하다'처럼 짧고 두루뭉술하게 적는 것이 아니라 그 사람의 어떤 모습을 보고 착하고 성실하다고 생각하는지 구체적으로 쓰도록 한다.

카드 작성이 끝나면 가족이 돌아가면서 그 사람을 칭찬하는데, 본인도 본인의 칭찬을 생략하면 안 된다. 자기가 자기 자신을 칭찬하는 것이 쑥스러운 일이긴 하지만, 타인을 칭찬하듯 본인의 장점에 대해 아낌없이 칭찬할 줄 아는 태도도 매우 중요하다. 그리고 칭찬하는 사람과 칭찬받는 사람 모두 서로의 눈을 쳐다보면서 진지하게 칭찬해야 한다.

한 사람에 대한 발표가 끝날 때마다 칭찬받은 사람은 칭찬을 해준 가족에게 고개 숙여 감사의 인사를 한다. 이와 같은 방법으로 돌아가면서 칭찬을 이어가면 되는데, 칭찬이 다 끝나면 작성한 카드를 당사자에게 나눠준다. 이 칭찬카드는 그 사람에게, 다른 어떤 물건보다 값진 선물이 될 것이다. 칭찬 회의는 칭찬을 받고 난 후의 소감과 앞으로 또 어떻게 노력할 것인지에 대한 각오와 결심을 발표하는 것으로 마무리하면 좋다.

무조건 긍정적인 이야기로 시작하는 '첫 마디 법칙'

가족끼리 만났을 때 건네는 첫 마디는 항상 반가운 인사, 칭찬, 인정, 격려가 담긴 따뜻한 말로 시작을 하자는 것이 '첫 마디 법칙'이다.

모처럼 부부가 커피숍에서 만나 데이트를 하기로 했다. 회사에서 퇴근한 남편은 먼저 와서 기다리고 있는데 아내는 차가 막혀 50분이나 늦고 말았다. 성질이 급한 남편은 "어떻게 된 게 여자가 시간 하나 못 지키느냐"며 화를 냈다. 땀을 뻘뻘 흘리며 들어서던 아내는 사람들이 많은 데서 큰 소리로 화를 내는 남편 때문에 창피하기도 하고, 오는 동안 마음 졸인 것이 억울하기도 해서 신경질을 부렸다. 도로 사정을 탓하며 화를 내는 아내에게 "늦은 사람이 왜 화를 내냐"며 남편이 또 언성을 높였다. 이들에게 모처럼의 데이트는 이미 물 건너간 일이 되고 말았다.

그러나 반대로 마음 졸이면서 급하게 들어서는 아내에게 "여보, 얼마나 마음이 급했어? 일단 물부터 한잔 마셔" 하고 남편이 첫 마디를 부드럽게 시작했다면 아내의 반응이 어땠을까? 아내 역시 "여보, 미안해요. 정말 미안해요"라며 사과하는 첫 마디로 얘기를 시작했을 것이다.

피곤해서 퇴근하는 남편이나 지쳐서 들어오는 아이에게 건네는 첫 마디는 항상 따뜻하고 사랑이 가득 담긴 말이라야 한다. 별것 아닌 것 같지만 이런 노력들이 쌓이면 대화가 훨씬 풍부해지고 즐거워질 것이다.

정확한 이해를 위한 '척도 질문'

연구자들은 양적인 연구를 위한 설문 조사를 할 때 척도 질문을 즐겨 사용한다. 해결 중심 치료자 또한 상담 현장에서 척도 질문을 사용하는데, 가족 대화에서도 이 방법을 활용해보면 보다 정확한 이해를 구할 수 있다.

몸이 좋지 않다는 아내에게 내일 저녁 친구 몇 명을 집으로 데려오면 안 되느냐고 남편이 물었다. 아내는 다음에 데리고 오면 안 되겠느냐고 했지만, 그래도 남편이 데리고 왔으면 좋겠다고 하자 더 이상 말을 할 수가 없었다. 결국 무리하게 손님을 치르고 몸져누운 아내는 남편이 원망스러워 눈물이 났다. 뒤늦게야 아내가 손님을 치를 수 없을 정도로 몸이 아팠다는 사실을 알게 된 남편은 왜 진작 얘기를 안 했느냐며 사과를 했지만, 상처받은 아내의 마음을 달래기에는 역부족이었다.

하지만 이 부부가 척도 질문을 적절하게 활용했다면 이런 문제는 쉽게 비켜갈 수 있었을 것이다. 예를 들어 몸이 너무 아파서 죽을 것 같은 상태를 100점, 전혀 아프지 않은 상태를 0점이라 하자. 아내가 "지금 아픈 상태가 95점 정도로 참기 어려워요. 친구들은 다음에 초대했으면 좋겠어요" 하고 부탁했다면 남편은 친구들을 부르고 싶은 정도가 60점 정도밖에 되지 않기 때문에 기어이 친구들을 부르지는 않았을 것이다.

가족 간의 대화를 모두 이런 식으로 표현할 수는 없겠지만, 척도 질문을 잘 활용하면 그 정도나 강도 차이를 정확하게 전달할 수 있어 이해 부족으로 생기는 마찰을 크게 줄일 수 있다.

질문의 놀라운 힘

자녀와 대화를 할 때 특히 유용한 방법이 질문이다. "게임 좀 그만해라", "책 좀 읽어라", "이제 배달 음식은 안 된다"와 같이 부모가 왜 그러는지 아이가 그 이유를 뻔히 알고 있는 사항도 지시나 명령조보다는 질문 형태로 물어보면 아이에게 한 번 더 생각해볼 수 있는 기회가 된다.

"너희 둘 다 자기가 보고 싶은 TV 프로그램을 보겠다고 싸우는데, 그럼 어떻게 했으면 좋겠니?"처럼 스스로 해결책을 찾아보게 하는 질문에서부터 "너는 어떤 엄마, 아빠가 되고 싶니?", "너는 무얼 할 때 시간 가는 줄 몰랐어?", "20년 후에 너는 어디서 누구랑 어떻게 살고

부모 자녀 간 이색 데이트

가끔은 부자지간이나 부녀지간, 또는 모녀지간이나 모자지간의 데이트도 권할 만하다. 온 가족이 함께하는 시간도 좋지만 둘만의 시간을 통해 서로의 관심사를 확인하고 친밀감을 높일 수 있다면 그만큼 큰 의미도 없을 것이다. 자녀가 꼭 가고 싶어 하는 테마파크나 음식점, 콘서트가 있지만 경제적 여유가 없어서 그 동안 가기 어려웠다면 부모는 비용을 대고 자녀는 부모를 안내하는 데이트로 소망을 풀 수 있게 해준다. 데이트 중간 중간 사진도 몇 장 찍어두면 서로에게 멋진 추억이 될 것이다.

있을 것 같아?", "너희들이 미워서 배달 음식을 안 시켜준다고 생각하니?", "왜 아빠가 게임 좀 그만하라고 하는 걸까?" 등등 부모가 하고 싶은 얘기를 질문 형태로 바꾸어 물어보면 보다 풍부한 대화를 이끌 수 있다.

그러나 지나치게 질문을 많이 하면 오히려 자녀가 거부감을 느낄 수 있다는 점에 주의해야 한다. 추궁을 하거나 심문을 하거나 내가 알고 싶은 것만 계속 질문하는 것 또한 대화를 가로막는 걸림돌이 된다. 질문의 목적이 자녀에게 생각을 해볼 수 있는 기회를 제공하는 데 있음을 잊지 말자.

인지적 친밀감을 높이는 가족 퀴즈 대회

가족 퀴즈 대회는 인지적 친밀감을 높일 수 있는 좋은 활동이다. 평소 배우자나 자녀에 대해 잘 알고 있다고 자신하는 사람도 막상 구체적인 질문을 받으면 대답하지 못하는 경우가 많기 때문에 이 같은 활동은 서로를 이해하는 데 큰 도움이 된다.

자신에 대해 이것만큼은 가족이 알고 있었으면 하는 내용을 다섯 문제 또는 열 문제 정도 출제한다. 그리고 그 답들을 따로 적어둔다. 예를 들면 '내가 가장 좋아하는 음식은?', '내가 제일 좋아하는 가수는?', '이번 생일에 내가 가장 받고 싶은 선물은?', '내가 가족에게 바라는 것 첫 번째는?', '내가 좋아하는 친구 이름은?', '내가 가장 기뻤던 때는?' 등등이다.

퀴즈 대회에서 가장 많은 점수를 받은 사람에게 상품을 주면 가족이 더욱 즐겁게 참여할 수 있다. 이렇게 종종 퀴즈 대회를 갖다 보면 가족에 대해 훨씬 더 많은 것을 알게 되고, 이전보다 가까워진 느낌을 가질 수 있다.

문자 메시지, 이메일, 쪽지 등 다양한 수단

얼굴과 얼굴을 맞대고 하는 것만이 대화는 아니다. 편지, 쪽지, 화상 전화, 이메일, 문자 메시지 등 다양한 수단을 통해 이제는 국경을 넘어 대화할 수 있는 세상이 되었다. 특히 휴대전화를 이용한 문자 메시지를 잘 활용하면 참 많은 얘기를 나눌 수 있다. 병원이나 은행에서 순서를 기다리면서, 또는 버스나 지하철을 타고 가면서 언제든 보낼 수 있는 문자 메시지로 얼굴 보고 하기 쑥스러운 화해도 할 수 있고 진한 사랑 고백도 할 수 있다.

남편이 서툰 솜씨로 "여보, 저녁 맛있게 먹어"라고 문자를 보내와도

학교·직장으로 편지하기

아이의 학교로 편지를 보내보자. 매일 얼굴 보고 한집에서 같이 사는 아이에게 할 말이 있으면 직접 하면 되지 무슨 편지까지 보내느냐고 반문할지 모르지만, 엄마 아빠가 손수 쓴 사랑의 편지를 학교에서 받아보는 경험은 아이에게 의외로 큰 기쁨을 선사할 수 있다. 이왕이면 칭찬, 인정, 격려의 편지로 아이를 놀라게 해보자. 나아가 남편이나 아내의 직장으로 편지를 보내는 것도 좋은 방법이다.

저녁 맛있게 먹으라는 소리인 줄 안다. "여보, 사냥해!"라고 보내도 날 사랑한다는 소리인지 안다. 개떡같이 얘기해도 사랑하는 사람끼리는 찰떡같이 알아듣는 것이다.

자녀에게도 부모가 보낸 서툰 문자는 뜻밖의 감동을 줄 수 있다. 자녀가 지금쯤 어디서 무얼 하고 있는지 짐작할 수 있다면 그에 걸맞은 문자를 보내주면 된다.

"수업 끝났어? 조심해서 와~ 보고 싶다, 우리 아들!"

또 가끔은 날마다 얼굴을 보는 가족에게도 이메일을 띄울 수 있고, 자녀의 방문에 포스트잇으로 메지시를 남길 수도 있다. 특별한 날에는 카드나 편지를 쓰는 것도 권할 만한 방법이다. 대화는 꼭 조용한 방에 자리를 잡고 앉아 진지하게 시작해야 한다는 고정관념에서 벗어나면 언제 어디에서, 어떤 방법으로든 대화를 시도할 수 있다. 이렇게 가족을 연결하는 대화 수단을 다양하게 활용할수록 행복한 가족으로 가는 길은 빨라진다.

3장
가족을 위한 부부 사랑의 기술

바람직한 부부 문화를 만드는 5가지 요소

"여보! 교통사고가 났는데, 제가 가운데 끼였어요."

전화기에서 아내의 다급한 목소리가 튀어나왔다. 벌써 10년이나 지난 일이지만 어찌나 놀랐던지 지금도 기억이 생생하다.

올림픽공원 근처라는 말에 인근 병원 응급실로 가라는 말을 남기고 택시를 급하게 잡아탔다. 전화를 걸고 얘기를 할 수 있는 상태라는 점이 그나마 위안은 되었지만, 교통사고를 당해 가운데 끼였다니 별의별 생각이 다 들었다. 다리를 절단한 뒤 절규하는 아내의 모습, 뒤죽박죽이 된 집 안, 밖으로 겉돌기만 하는 아이들, 그리고 한없이 추락

하는 암울한 가정…….

병원에 도착해보니 가해 차량과 트럭 사이에 아내의 차가 끼인 추돌 사고로, 다행히 큰 외상은 없었고 엑스레이도 별 이상은 없는 것으로 나와 잠시 안정을 취한 뒤 집으로 돌아왔다. 그런데 집에 온 지 얼마 되지 않아 아내가 두통을 호소하기 시작했다. 이마를 만져보니 열도 예사롭지 않았다. 급히 아내를 입원시킨 후 침상을 지키고 있는데, 딸아이가 교대하자며 굳이 등을 떠밀었다.

"아빠는 내일 출근해야 되잖아요. 집에 가서 잠깐이라도 눈 좀 붙이세요."

마침 다음 날 아침에 상담도 잡혀 있고 해서, 나는 아내가 잠드는 것을 지켜본 뒤 자정이 넘어서 집으로 돌아왔다. 그런데 옷방 한쪽에 다림질된 바지와 와이셔츠가 걸려 있는 게 아닌가. 아내가 준비해준 것만큼 말끔하지는 않았지만, 중학교 3학년짜리 아들의 갸륵한 마음이 그대로 느껴져 가슴 한쪽이 뭉클했다.

"아빠, 잘 다리진 못했지만 정성껏 다렸어요. 엄마 걱정 마시고 잘 다녀오세요. 아빠, 파이팅! 아들 바다 올림."

녀석은 다정한 메모까지 남겨놓았다.

나와 아이들 걱정에 병실에 누워 있는 것이 편치 않다는 아내는 기어이 이틀 만에 퇴원을 했다. 우리는 극구 말렸지만 담당 의사는 다행히 증세가 악화되지 않아서 통원 치료를 받아도 될 것 같다며 퇴원을 허락해주었다.

아내는 한동안 병원을 오가며 몸조리를 했지만, 우리 집은 이내 정상 궤도로 재진입했다. 아내는 아픈 몸을 이끌고도 아침상을 차렸고, 아침마다 칼처럼 다림질한 바지와 와이셔츠를 준비해주었다. 아내가 우리 가족 한가운데에 떡하고 버티고 서 있으니 생활 전반이 음악처럼 부드럽게 돌아가기 시작했다. 그 이틀간의 부재와 건강에 대한 걱정은 아내가 내게 얼마나 소중한 사람인지, 우리 가족에게 아내가 어떤 의미인지를 느끼게 해주는 아주 특별한 계기였다.

행여 아내가 크게 다치기라도 했다면, 아니 일주일 이상 입원 치료만 했더라도 내 생활은 엉망이 되고 말았을 것이다. 그때 나는 깨달았다. 부부란 그렇게, 크게 드러나지는 않지만 서로의 생활을 다듬고 관리하고 빛내주는 사람이라는 것을…….

부부, 영원한 친구 또는 '웬수'

그때 이후로 나는 '아내'와 '남편'에 대해, '부부'에 대해 스스로 질문을 던지곤 했다. 그리고 비슷한 주제의 강의를 할 때면 청중에게 질문을 던져보았다.

"부부가 무엇이라고 생각하십니까?"

"뭐겠습니까, 웬수지."

"어디서 읽었는데, 3년마다 갈아주어야 하는 어항이라던데요?"

장난기 어린 대답에 한바탕 웃기도 하지만 부부만 한 인연이 또 있을까 싶다. 자신의 모든 것을 바쳐 키워주신 부모님의 품도 언젠가는 떠나야 하고, 눈에 넣어도 안 아플 것 같은 자식 역시 언젠가는 떠나보내야 한다. 그러고 나면 부부 두 사람만 남아 짧게는 20~30년, 길게는 40년의 세월을 함께 살아가게 된다. 게다가 요즘은 평균수명이 늘어 결혼 생활 50년은 흔한 일이 되었다. 그러니 이 세월의 두께만 보더라도 부부만 한 인연이 어디 있겠는가.

부부는 다른 인간관계와는 다른 특성을 가지고 있다. 관계가 소원해지면 한동안 보지 않고 지내다가 서로의 필요에 의해 다시 만나기도 하고, 한편으로는 적당히 웃는 얼굴 보여주며 체면치레를 하다가도 헤어지면 그만인 관계도 많다. 그리고 사람과 사람이 만나면 어느 한쪽이 이익을 보는 데 반해 어느 한쪽은 손해를 보기도 한다. 하지만 부부는 어느 한쪽이 불행해지면 다른 한쪽도 행복해지기 어렵다. 그리고 다른 사람에게는 보여줄 수 없는 자신의 약점이나 고통을 내보일 수 있는 유일한 관계이다 보니, 부부간에 관계가 악화되면 더 큰 상처를 주고받게 된다. 그렇다고 해서 쉽사리 외면하거나 인연의 끈을 놓을 수도 없다. 때로는 가장 큰 감사로, 때로는 가장 큰 무례로 얽히고설킨 감정의 실타래를 안고 살아가는 것이 바로 부부이다.

그러니 배우자를 선택하는 것도, 두 사람의 관계를 유지하는 것도 신중해야 한다. 부부야말로 인생에서 가장 소중하고 절대적인 영향력을 행사하는 인간관계이기 때문이다. 불경기 때문에 요즘은 '혼테크'라거나 '취집'이라는 말도 예사로 들리지 않는다. 하지만 평생을 함께 할 배우자로 누군가를 선택한다는 것은 그 사람의 장점이나 자산뿐만 아니라 단점이나 결점, 그리고 그 사람이 가지고 있는 한 보따리의 문제까지도 받아들인다는 의미이다.

그런데 사람을 선택할 때 내가 보고 싶은 점만 보고 문제를 문제로 보지 못하기 때문에 결혼하고 나서 보니 속았다는 둥, 사람이 변했다는 둥 실망의 말들이 나오는 것이다. 이처럼 기대치가 너무 높아 현실과의 격차가 벌어지면 갈등과 불화가 생겨나기 시작한다. 30년 가까이 전혀 다른 환경에서 자라온 두 사람이 함께 사는데 어떻게 갈등이 없을 수 있겠는가. 사랑에 빠지는 것과 사랑하며 사는 것은 전혀 다른 것이다. 신혼 초부터 '일심동체'를 강요하지 말고 서로의 기대치를 현실적으로 조정하는 것이 조금이나마 실망감을 줄이는 방법이다.

화목한 부부, 행복한 부부로 살기 위해서는 원가족原家族으로부터 좋은 것은 가져오고 버릴 것은 버린 다음 두 사람만의 방식을 새롭게 만들어나가야 한다. 남편과 아내, 두 사람이 서로의 삶과 생활을 존중하면서 공유하는 부분을 키워나가다 보면 어느 순간 둘만의 부부 문화가 건강하게 형성되어 있을 것이다.

바람직한 부부 문화를 만드는 요소 1 – 배우자를 있는 그대로 존중하는 마음

사람은 누구나 부족하다. 하지만 자신의 부족한 점은 잘 깨닫지 못하는 반면 타인의 결점에는 민감하게 반응하는 것이 일반적이다. 특히 부부처럼 밀착된 관계에서는 상대의 결점을 접하는 일이 많다 보니 비난하거나 무시하는 태도가 은연중에 나타나기 쉽다. 그러나 행복한 부부 관계를 만들어가기 위해서는 상대방을 있는 그대로 수용하고 존중하는 자세가 필요하다.

결혼 전에는 나와 다른 면에 끌려서 결혼을 하지만 결혼한 뒤에는 나와 다른 그 부분을 끊임없이 지적하고 내 방식을 강요한다. 무엇이 옳고 그른 것인지 답조차 없는 사소한 습관까지도 문제 삼고 비난한다면 그 부부는 오래가기 힘들다. 누구의 강요에 의해서가 아니라 내가 선택한 배우자요 내가 평생을 함께하겠노라 언약한 사람이 아닌가.

새 차를 구입해도, 하다못해 신발을 한 켤레 사도 길들이는 데 시간이 걸리고, 이사를 해도 적응하는 데 시간이 필요한 법이다. 하물며 사람의 관계야 말해 뭐하겠는가. 아무리 사랑하고 연애를 오래 한 사이라고 해도 부부로서 함께 사는 데는 적응 기간이 필요하다. 무엇보다 성격적인 적응이 중요한데, 누구든지 자신의 성격적인 약점을 지적받으면 본능적으로 방어 자세를 취하기 때문에 갈등을 일으키게 된다. 성격이란 쉽게 고칠 수 있는 것이 아니어서 상대방의 성격을 고쳐놓겠다는 생각부터 버리는 것이 좋다.

원만한 부부 관계를 만들려면 나는 옳고 당신은 틀렸다는 생각부터 버리고, 서로의 성격 차이를 보완적인 관계로 발전시킬 수 있도록 서로의 장점을 키워나가야 한다. 많은 부부들이 성격 차이로 이혼한다고 하지만, 사실은 성격 차이에서 비롯된 갈등을 지혜롭게 조정하고 해결하는 기술이 부족하기 때문에 이혼에 이르는 것이다.

나 역시 신혼 때는 아내와의 성격 차이 때문에 부부 싸움을 꽤나 했다. 매사가 느긋하고 대책 없이 낙천적인 나와 달리 아내는 꼼꼼하고 계획적인 사람이다. 그렇다 보니 아내가 강조하는 규모 있는 살림과 절약하는 정신, 미래를 준비하는 자세 같은 것이 나에겐 어렵기만 했다. 특히 집 안을 정신없이 어질러놓는 나 때문에 아내가 참 많이 힘들어했다. 비디오 한 편을 보더라도 나는 커튼을 치고 불을 끄고 처음부터 정좌하고 감상을 하는 반면, 아내는 설거지에 집 안 정리까지 다 끝낸 뒤에야 자리에 앉아서 나를 불만스럽게 하기도 했다.

하지만 지금은 이런 사소한 일로 싸우는 일은 거의 없다. 나는 나대로 '아내 말 잘 들어서 손해 볼 게 없다'는 것을 깨달았고, 아내는 아내대로 중요한 일이 아니면 문제 삼지 않으려고 노력하기 때문이다.

'따로 또 같이'의 부부 정신

각자의 취향이나 기호, 관심사가 다른 부부라면 '일심동체'라는 말에 모순을 느낄 때가 많을 것이다. 하지만 모든 것을 항상 같이 해야 화목한 부부라는 고정관념에서 벗어나면 서로를 사랑하는 일이 한결 쉬워진다. 이런 부부에겐 '따로 또 같이'의 정신이 오히려 화목한 부부 관계를 위해서 바람직할 때가 있다.

영화를 보러 갔는데 두 사람의 취향이 너무 달라 합의점을 찾지 못할 경우, 만일 복합 상영관이라면 영화는 '따로' 보고 티타임은 '같이' 한다. 쇼핑도 마찬가지이다. 쇼핑할 때마다 말다툼이 벌어진다면 각자 볼일을 본 다음, 정해진 시간에 만나는 것이 좋다. 중요한 것은 나만의 생활과 시간도 즐기는 동시에 부부가 함께 할 수 있는 공통분모를 키워나가려는 자세이다.

서로의 차이를 당연한 것으로 받아들이고 그것을 보완할 수 있는 방법을 찾는 것이 즐겁고 행복한 부부 관계를 만드는 출발점이다.

바람직한 부부 문화를 만드는 요소 2 – 배우자를 위해 매일 행동하는 실천력

화목한 부부 관계를 위해서는 매일매일 저금하듯이 투자를 해야 한다. 투자라고 해서 큰돈을 들여야 하는 것은 아니다. 부부간에는 오히려 사소하고 조그마한 일이 쌓여 큰 감동을 만들어낸다. 출근하는 남편을 위해 엘리베이터를 잡아주며 키스로 배웅하는 아내, 정성 들여 차려주는 음식에 맛있다는 칭찬을 아끼지 않는 남편, 매일 아침만큼은 온 가족이 함께 모여 식사하는 가정, 수시로 문자 메시지 주고받기를 생활화하는 부부 등…….

그런 사소한 일로도 얼마든지 부부가 화목해지고 가족이 행복해질 수 있다는 사실을 사람들은 믿으려 들지 않는다. 하지만 꼭 명품 핸드백을 사줘야 아내가 행복해하고 자동차를 바꿔줘야 남편이 좋아하는 것은 아니다. 그렇게 실현 가능성이 낮은 말만이 아니라 날마다 실천할 수 있는 작은 배려야말로 행복의 열쇠라는 것을 믿고 행동으로 옮겨야 한다. 사랑을 동사(動詞)라고 하는 것은 바로 이 때문이다. 실제로 지극히 사소한 배려와 실천이 쌓이면 그 힘은 참으로 놀랍다.

그러나 이 투자에는 원칙이 있다. 배우자가 진정으로 원하는 것이 무엇인지를 정확하게 알고, 원하는 것을 정말 필요로 할 때 주어야 투자 효과를 거둘 수 있다. 배우자가 무엇을 원하는지도 모르고 내가 줄 수 있는 것, 내가 주고 싶은 것을 내 방식대로 베풀고 나서 내가 당신을 위해 얼마나 애쓰는지를 강조한다면 감사보다는 오히려 불만이 되어 돌아오는 경우가 많다. 심사위원이 어디에 더 많은 배점을 주는지, 부부가 서로 '심사 기준'을 파악하고 투자해야 한다.

'그때 그 시절'을 떠올려보자. 하루도 보지 않으면 죽을 것 같고, 보고 있어도 보고 싶고, 함께 있어도 그립던 그 시절이었다면 당신은 배우자를 어떻게 대했을까. '그때 그 시절'이었더라도 무거운 장보따리를 낑낑거리며 들고 들어오는 아내를 못 본 체하며 거실에서 TV만 보고 있었을까? '그때 그 시절'이었더라도 저녁에 라면 한 그릇 끓여달라는 남편에게 지금 몇 시인데 라면 타령이냐고 쏘아붙였을까? 그런 생각을 하면 나 역시 지금의 행동이 부끄러울 때가 많다.

바람직한 부부 문화를 만드는 요소 3 – 배우자에 대한 절대적 믿음 지키기

손만 잡아도 짜릿짜릿한 열정적인 사랑은 30개월을 채 넘기지 못한다. 하물며 아이를 낳고 수년, 수십 년을 함께 살다 보면 사랑은 식게 마련이다. 그래서 남녀 간의 사랑은 열정으로 시작되어 믿음으로 완성된다고 했던가.

솔직히 열정적인 사랑이 없어도 결혼 생활을 영위해나가는 데는 큰 문제가 없다. 하지만 부부간의 신뢰가 깨지면 그 관계는 회복하기 어렵다. 예를 들어 배우자 몰래 독단적으로 처리한 일이 감당 못할 결과로 이어지거나 외도한 사실이 발각되는 경우 부부간의 신뢰는 치명적인 손상을 입게 된다. 상담실을 찾아온 부부 중에는 남편이 아내 몰래 친구의 빚 보증을 서주었다가 집을 날린 경우나 아내의 동의 없이 사업을 시작했다가 크게 실패한 경우가 종종 있다. 이때 아내 쪽에서는 금전적인 손실을 떠나 더 이상 남편을 믿을 수 없다며 고통을 호소한다. 배우자에 대한 인간적인 믿음이 깨진 이상 더는 함께 살 수 없다는 것이다.

물론 이런 경우에도 대부분 결혼에 대한 책임감이나 자녀 양육 등의 문제 때문에 한 번은 용서해주어야 한다는 생각을 갖고 있다. 마음은 괴롭지만 한번 노력해보겠다는 것이다. 하지만 사람의 성격은 쉽게 변하지 않기 때문에 이런 비슷한 상황을 또다시 되풀이하는 경향이 있다. 특히 문제인 것은, 두 번째 경우는 첫 번째 경우보다 훨씬 작은 일로도 더 크게 실망하고 더 이상 희망이 없다는 결론에 이를 확률이 크다는 점이다. '그때 당신을 용서하는 게 아니었어'라는 생각이 들면 부부 관계는 회복이 불가능할 만큼 악화되고 만다.

그렇기 때문에 부부간의 신뢰에 문제가 감지되면 바로 비상사태를 선언하고 해법 찾기에 돌입해야 한다. 상대방에 대한 믿음이 흔들리거나 의심스러운 점이 있다면 시간을 끌지 말고 바로 대화를 해야 하며, 함께 문제를 해결해나가기 위해 힘을 합쳐야 한다. 더 늦기 전에 두 사람의 관계를 회복해보겠다는 의지가 무엇보다 중요하다.

바람직한 부부 문화를 만드는 요소 4 – 부부의 팀워크

부부는 언제나 한 팀이라는 것을 잊어서는 안 된다. 자녀가 속을 썩이거나 직장에 문제가 있고 사업이 잘 안 돼도, 양가 집안 때문에 골머리를 앓을 때도 부부가 한마음이 되어 지혜를 합치면 그 실마리를 풀어나갈 수 있다. 반면에 사소한 문제에도 서로를 비난하고 책임을 전가하고 원망하기 시작하면 문제는 걷잡을 수 없이 커져서 수습하기가 어려워진다.

특히 이혼을 생각할 만큼 심각한 문제에 부딪쳤을 때는 그 일이 부부 관계를 희생해야 할 만큼 중대한 사안인지 아닌지를 잘 헤아려보아야 한다. 일단 싸움이 시작되면 싸움 자체가 상처가 되어 갈등이 극단적으로 치달을 수 있기 때문에 두 사람이 부부 관계를 유지하기 위한 최선의 노력을 다하고 있는지 수시로 점검해보아야 한다.

시부모의 불화 때문에 이혼에 이른 부부가 있었다. 이 집의 시부모는 나이가 70을 넘었는데도 허구한 날 부부 싸움을 하느라 조용할 날이 없었다. 화근은 시아버지의 바람기였다. 하지만 며느리 입장에서 알은척하기도 어려운 문제인지라 결혼 초에는 눈 감고 귀 막고 지내는 것으로 문제를 피해가고 있었다. 그런데 문제는 시어머니가 부부 싸움을 하면 한밤중이고 새벽이고 전화를 걸어 대성통곡을 하며 아들을 불러댄다는 것이었다. 그러면 아들은 한달음에 달려가고, 때로는 어머니를 모셔와 몇 날 며칠 울음 섞인 하소연을 들어주곤 했다.

이 집의 남편은 어릴 때부터 '어머니는 항상 피해자'라는 생각이 굳어져 있는 사람이라 스스로도 어머니의 처신이 부담스럽기는 했지만 받아주는 것 외에는 아무것도 하지 못했다. 하지만 아내의 입장은 달랐다. 직장에 다니는 아들을 시도 때도 없이 불러대는 시어머니도 이해가 안 갔지만 "그럼 어떡해, 당신이 참아"라는 말로 일관하는 남편도 못마땅했다.

　나중에는 걸핏하면 시어머니가 가방을 싸들고 아들네로 들어와 기약 없이 지내다 가곤 했다. 시어머니는 "내 아들 집에 오는데 시간이 따로 있느냐", "내가 이 나이에 며느리 눈치 보며 살아야겠느냐", "어쨌거나 넌 며느리이니 네가 가서 시아버지 식사를 챙겨드려라"라며 너무도 당당했다. 이 부부는 시댁에 다녀오거나 시어머니가 왔다 가면 어김없이 부부 싸움을 하곤 했다. 남편은 아내가 시어머니의 딱한

부부 싸움의 공소시효

부부 싸움에 공소시효를 도입해보자. 공소시효란 범죄에 따라 일정 기간이 지나면 법적으로 처벌할 수 없는 제도를 말한다. 요즘은 특정 범죄에 대하여 공소시효 자체를 폐지하자는 움직임도 있지만 부부 싸움에서의 공소시효는 짧을수록 좋다. 그 기간이 끝나면 했던 얘기 또 하고 또 하면서 바가지를 긁거나 비난하고 불평하는 일이 없어야 한다.
"첫아이 낳던 날 친구들과 밤새 술 마신 죄, 공소시효 10년."
"예고도 없이 친구들 데리고 와서 술상 좀 차리랬다고 문전에서 쫓아낸 죄, 공소시효 1년."
물론 그 기간은 부부가 합의하여 정한다. 그리고 약속을 어겼을 때 어떤 벌칙을 감수할지도 합의하는 게 좋다.

사정을 냉정하게 대하는 것에 화가 났고, 아내는 자신의 입장을 전혀 배려해주지 않는 남편이 야속해서 갈등을 겪고 있었다. 결국 이 부부의 싸움은 가정폭력으로 이어졌고, 두 사람은 이혼을 결정하기에 이르렀다.

이 부부는 부부란 한 팀이라는 사실을 망각하고 문제를 해결하는 쪽으로 에너지를 사용한 것이 아니라 서로를 비난하고 상처를 주면서 에너지를 다 소진해버린 경우이다. 서로가 서로의 잘못을 탓하고 비난하는 동안 마음속에 앙금이 남아 상대방을 이해하려는 의지조차 잃어버렸으니 갈등의 조정이 어려울 수밖에 없었다.

부부는 공동의 꿈이나 목표를 가지고 팀워크를 바탕으로 힘을 합쳐야 한다. 남편과 아내가 한 팀이라는 생각이 견고하면 사소한 갈등이나 불화를 해소하는 것은 가정 내에서도 충분히 가능하다. 부부는 한 팀이라는 생각을 갖기 위해서는 대화를 통해 두 사람이 진정으로 원하는 삶이 어떤 삶인지, 무엇을 가장 큰 가치로 여기는지를 공유하고 나의 꿈, 당신의 목표가 아니라 부부 공동의 목표와 꿈을 만들어나가야 한다. 그리고 그 꿈이나 목표를 방해하는 것을 과감하게 정리하는 데 모든 힘을 쏟아야 해결의 실마리를 찾을 수 있다.

바람직한 부부 문화를 만드는 요소 5 - 이혼은 절대 안 된다는 정신

"서로 안 맞으면 이혼해야지, 어떻게 그러고 살아? 난 죽어도 그렇게는 못 살아."

이런 말을 하거나 들어본 적이 있을 것이다. 하지만 이런 생각을 가지고 살다 보면 수시로 찾아드는 이혼의 충동을 뿌리치기 어렵다.

요즘은 이혼을 연애하다 헤어지는 정도로 가볍게 여기는 사람도 적지 않은 것 같다. 그러나 이혼을 상대방을 위협하는 수단으로 사용하거나 감정적인 분풀이 정도로 생각했다가는 남아날 가정이 없다. 이들은 하나같이 "이혼이 무슨 흠이야? 더 좋은 사람 만나서 새 출발 하면 되지" 하고 말하지만 막상 이혼하고 나면 세상이 그리 녹록하지 않다는 것을 깨달을 것이다.

결혼에는 엄청난 책임과 의무가 뒤따른다. 이 모든 것을 한순간에 저버려도 좋을 만큼 '큰일'은 그리 많지 않다. 어느 누구와 살건 문제는 있을 수 있고, 일상은 언제나 사랑만으로는 해결할 수 없는 문제들로 가득하다. 당신을 절망하게 하는 문제가 그 어떤 것이라도 양가 가족과 친지들, 친구들 앞에서 평생을 함께하기로 맹세한 이상 그 약속을 지키기 위해 이를 악물고 눈물겹게 노력하는 성의는 보여야 한다. 그것은 당신의 선택에 대한 책임이며 당신 자신에 대한 예의이기도 하다.

나는 상담실 안팎에서 만나는 모든 부부에게 '이혼은 절대 안 된다. 죽어도 이혼은 안 한다'는 정신으로 살기를 당부하곤 한다. 요즘 같은 세상에 말도 안 되는 얘기라고 할지도 모르지만 적어도 생각의 출발점만큼은 그렇게 가져야 불화를 예방할 수 있다.

부부가 가족의 행복을 결정한다

서로 존중하고 사랑하면서 화목하게 사는 부부는 그렇지 않은 부부보다 4~5년을 더 산다는 연구 결과가 있다. 뿐만 아니라 화목한 부부는 불행하게 사는 부부보다 질병에 걸릴 확률도 훨씬 낮으며, 자녀들 또한 성적이나 교우 관계 등 모든 면에서 우수하다. 이는 부부 관계의 질이 한 가정의 삶의 질을 좌우한다는 것을 보여주는 것이기도 하다.

오늘, 잠든 남편의 얼굴을 한번 들여다보라. 머리카락도 빠지고 배도 나오고 술 냄새 풀풀 풍기며 자고 있는 남편이지만 한때는 내 마음을 두근거리게 했던 남자가 아닌가. 이담에 내가 병들면 내 뒤치다꺼리를 해줄 남자요, 내가 이 세상을 먼저 떠나더라도 우리 아이들을 누구보다 사랑하며 챙겨줄 남자이다. 쥐꼬리만 한 월급을 받아오기 위해 그가 하루 종일 얼마나 치사한 꼴을 당하며 이를 악무는지 안다면 절대 그의 무능력을 탓할 수 없을 것이다.

또 오직 나 하나 믿고 시집와서 집안 살림과 아이들 뒷바라지로 고생하는 아내의 거칠어진 손을 잡아보라. 단지 사랑하는 남자의 부모라는 이유만으로 시부모에게 머리를 조아리고 어떤 일도 참아 넘기는 여자가 아닌가. 시부모 생신부터 얼굴도 못 본 시조부모 제사까지 집안의 온갖 경조사는 다 챙기면서도 자신은 1년 가야 변변한 옷 한 벌 못 해 입고, 친정어머니에게도 용돈 한번 넉넉하게 드리지 못하며 사는 여자이다. 자기 일이 있어도 육아와 가사는 벗어날 수 없고, 우리 가족을 위해 파출부 노릇, 청소부 노릇 마다하지 않는 것이 바로 당신의 아내이다.

오래도록 건강하게 살아남아서 두 손 마주 잡고 산책길에 나설 내 영원한 친구인 남편 또는 아내. 배우자를 위해 나는 오늘 무엇을 해야 할 것인가, 또 무엇을 할 수 있을까를 고민해보자.

가족생활 주기에 따라 달라지는 부부의 역할

부부 관계는 가족생활 주기에 큰 영향을 받는다. 부부 둘이서만 살 때와 아이가 생겼을 때가 다르고, 아이가 학교에 들어가면 또 달라지는 것이 부부 관계이다. 가족생활 주기가 달라짐에 따라 부부의 역할이 달라지고 부모의 역할이 달라지기 때문이다.

'가족의 중심은 부부'라는 관점에서 보면 단계별로 가족 간의 역할을 조정하고 이끌어가는 것 또한 부부의 역할이다. 그렇기 때문에 가족의 발달단계에 따라 부부는 각기 다른 과업을 부여받게 되고, 각 단계에서 발생할 수 있는 문제를 최소화하기 위해 대비해야 한다. 가족

생활 주기에 따라 부부 관계가 어떻게 변하는지를 알아두면 이 같은 과제를 보다 지혜롭게 해결해나갈 수 있다.

(아래 가족생활 주기의 구체적인 기간은 52쪽을 참조하기 바란다.)

가족 형성기 – 부부의 체계를 확고하게 구축하라

가족 형성기에 부부에게 주어지는 가장 큰 숙제는 부부의 체계를 확고하게 구축하는 일이다. 그러나 원가족과 유대가 너무 강하거나 심리적 분리가 제대로 이루어지지 않으면 부부의 체계를 제대로 형성하기가 어렵다. 특히 경제력이 약한 이 시기에는 부모에게 의존하는 부부가 많은데 경제적 의존은 부모의 간섭을 부르고, 두 사람의 생활에 부모가 개입하다 보면 부부의 체계가 약화될 수밖에 없다. '부부 침대에 여섯 사람이 누워 있다'라는 말은 이 시기의 특성을 잘 나타낸다. 그러나 아직은 부모로부터 완전히 독립하는 것이 쉬운 일이 아니기 때문에 부부를 중심으로 하되, 원가족과 상호 의존적인 관계를 만들어나가는 것이 바람직하다.

그리고 부부는 서로에게 남편과 아내의 역할뿐만 아니라 며느리와 사위, 형수와 매형, 올케와 형부로서의 역할까지 감당해줄 것을 기대하게 된다. 하지만 그런 역할에 익숙지 않은 가족 형성기에는 기대치와 현실 사이에 격차가 있을 수밖에 없다. 그래서 이 시기에 겪는 부부간의 불화는 대부분 그러한 격차에서 시작된다. 특히 가부장적인 남성과 양성평등적인 사고를 가진 여성이 결혼했을 때는 갈등이 심화

될 수 있다.

가족 형성기에는 성적인 적응과 경제적인 적응도 필수적이다. 무엇보다 성적인 문제는 참거나 덮어두는 것으로는 절대 해결할 수 없다. 따라서 원활한 의사소통이 매우 중요한데, 이런 문제들은 입에 올리기에 민감한 사안인 데다 아직은 서로에 대한 이해가 부족한 단계이기 때문에 신중한 접근이 요구된다. 자신의 욕구를 솔직하게 표현하고 배우자의 말에 귀 기울이고 수용하려는 노력만이 유일한 해법이다.

가족 형성기의 또 다른 과업은 가족계획이다. 가족계획은 빠르면 빠를수록 좋고, 구체적이면 구체적일수록 좋다. 계획하지 않은 임신은 사회적·경제적 문제를 불러일으킬 뿐만 아니라 산모와 아기의 건강에도 큰 영향을 미치기 때문이다. 자녀를 몇 명 낳고 첫아이는 언제 가질 것인지, 터울은 어떻게 조절할 것인지 등을 구체적으로 협의하고 협조해야 한다. 이와 더불어 부모가 될 준비도 해야 한다. 준비된 부모와 그렇지 않은 부모는 자녀 양육에 대한 부담과 성과에서 현격한 차이를 보인다. 자녀 양육에 대한 지식과 정보, 경제적인 준비, 부모로서의 마음가짐 등 여러 면에서 진지한 고민이 필요한 시기라고 할 수 있다.

자녀 출산 및 양육기 – 아이를 함께 양육하되 부부 관계의 중심을 잃지 마라

여성에게 출산은 일생일대의 중요한 사건이다. 어떤 의미에서 보면 결혼보다 더 큰 변화를 가져오는 일로, '어머니'라는 매우 특별한 지위를 부여받는 생애 사건이다.

이에 비추어보면 남성은 매우 불리한 입장이라고 할 수 있다. 여성은 임신과 출산을 통해 어머니가 된다는 사실을 실감하고, 몸과 마음이 그에 적합하게 변화해간다. 하지만 남성은 그런 경험이 제한적이어서 아버지의 역할에 대해 어려움을 겪는 사례가 많다. 부양가족이 늘어났다는 경제적 중압감, 아내와 자녀로부터 소외되고 있다는 심리적 결핍감은 크나큰 스트레스로 작용한다. 게다가 이 시기의 남성들은 아직 사회적으로 안정적인 입지를 굳히지 못한 경우가 많아 안팎으로 이중고를 겪기도 한다.

그러므로 이 시기에는 일과 가족 간의 조화를 위해 부부가 적극적으로 협력해야 한다. 신생아를 돌보는 것은 산모가 24시간 꼼짝없이 아기에게 매달려야 하는 일인데도 대부분의 남성들이 이런 아내의 육체적·심리적 고통을 헤아리지 못한다. 여성이 출산 직후 우울증을 겪는 데는 남편의 부족한 배려가 큰 원인으로 자리하고 있다는 점을 기억하고 남편은 전폭적인 지지와 지원을 보내야 한다.

이 시기에 상담실을 찾는 부부들 중에는 아직도 딸을 낳았다고 며느리에게 눈치를 주는 시어머니나 딸의 산후 조리를 돕기 위해 집에

와 있는 장모와 갈등을 빚는 사위 등 가족 관계로 괴로워하는 사람들이 많다. 출산과 자녀 양육은 부부 당사자 외에 다른 가족에게도 중대한 전환점인 것이다.

출산휴가 이후의 복직이나 자녀 양육 대리인을 구하는 문제, 자녀 교육과 가사 분담의 원칙 등도 미리 합의해두는 것이 좋다. 전업주부라 하더라도 남편과 역할 분담이 이루어지지 않으면 자녀 양육 문제로 고민하게 되고, 맞벌이 부부라면 특히 아내의 부담이 배가될 수밖에 없다. 요즘은 보통 두세 살 때 조기교육을 시작하기 때문에 이에 대해 부모가 분명한 원칙을 세우고 대비하지 않으면 허겁지겁 남의 뒤만 쫓아가는 상황에 직면할 수 있다. 자녀가 성장하면서 올바른 생활 습관을 갖게 하는 것 또한 부부의 역할이다. 이 시기에 형성된 식습관이나 욕구 조절 능력 등은 자녀의 평생을 좌우하기 때문이다.

그러나 생활이 지나치게 자녀 중심으로 돌아가는 것은 바람직하지 않다. 이때도 부부간의 대화나 잠자리는 꾸준히 이루어져야 하며, 여가 생활의 패턴이나 직장 생활에 대한 우선순위, 친구 관계 등을 적절히 조정할 줄 알아야 한다.

자녀 교육기 – 부부 노선을 통일하고 일관성 있게 지도하라

첫아이의 초등학교 입학은 부모에게 또 하나의 가슴 설레는 사건이다. 하지만 아이가 부모의 품을 떠나 학교에 잘 적응하도록 이끄는 일은 이 시기의 부모에게 가장 큰 부담으로 다가온다. 나아가 특목고 입학 준비에 열을 올리는 중학교 시기와 대학 입시의 굴레에서 자유로울 수 없는 고등학교 시기는 부모에게 사교육비 지출이라는 또 하나의 무거운 짐을 지운다.

누구나 남부럽지 않은 환경에서 최상의 지원을 해주고 싶지만, 우리나라의 사교육 실정은 그리 만만치가 않다. 이 시기에는 전체 지출의 몇 퍼센트를 교육비에 할애할 것인지 부부가 합의하고, 자녀 교육의 방향에 대해서도 부부가 공감대를 형성하고 일관성 있게 지도해나가는 것이 부부간의 갈등을 줄이는 방법 중 하나이다.

특히 이 시기에는 자녀의 교육비와 교육적 성취도 때문에 가정 내에 문제가 발생할 확률이 매우 높다. 모든 것을 자녀의 뜻대로 내버려두어서도 안 되겠지만 부부의 모든 시간과 노력을 자녀에게 '올인'하는 것도 바람직하지 않다. 가정 형편이나 자녀의 의사를 고려하지 않은 무리한 조기 유학이나 기러기 가족생활로 또 다른 가족 문제가 발생하지 않도록 손익계산서를 철저하게 작성해보고 최종 결정을 내리는 것이 좋다. 부모가 중심을 잡고 계획적으로 지도해나가야 가정도 지키고 자녀의 학습 효율도 높일 수 있다는 것을 잊어서는 안 된다.

이 시기에는 사춘기를 맞은 자녀 문제로 또 한 번 어려움을 겪는다. 자녀는 자녀대로 이성에 눈뜨고 자아를 찾아나가는 과정에서 혼란을 겪고, 부모는 부모대로 자녀의 사춘기적 특성을 제대로 이해하지 못해 가정불화가 생길 수 있다. 이 시기의 청소년들에겐 부모의 훈계나 설교는 별 의미가 없다. 이때는 오히려 믿음을 가지고 자녀를 지켜보면서 자녀가 도움을 요청할 때 순발력 있게 대응하는 편이 낫다.

이 시기의 또 다른 과제는 자녀의 진로 지도이다. 청소년기에는 전공이나 직업에 대한 이해가 부족하기 때문에 부모의 지도가 필수적이다. 자녀의 적성과 능력 범위 내에서 최상의 선택을 할 수 있도록 보다 다양한 정보를 수집하고 분석하는 능력과 안목을 길러주어야 한다.

중년기 - 자녀와의 관계를 전환하고 배우자와 함께할 미래를 설계하라

이 시기는 자녀 문제와 노부모 부양, 그리고 자신의 중년기에 대한 적응까지 삼중고에 시달리는 위기 단계이다. 이 시기에는 자녀와의 관계를 성인 대 성인의 관계로 전환해야 한다. 특히 자녀의 결혼을 전후하여 자녀가 성인으로서 스스로 자신의 일을 결정하고 그 결과에 대해 책임지게 하는 연습을 시켜야 한다. 공부가 전부라고 할 수 있는 자녀 교육기와 달리 자녀의 대학 생활과 이성 교제, 입대와 취업, 배우자 선택 등의 문제를 더 이상 부모가 결정해주고 대신 살아줄 수는 없는 노릇이다. 자녀의 사생활을 존중해주고, 가정 내의 중요한 사안을 결정할 때도 자녀의 의견을 적극 반영하는 태도를 가져야 한다.

중년기는 신체적·심리적 변화와 더불어 자신의 자아를 재조명하는 시기로, 자녀의 사춘기 못지않은 방황이 시작되기도 한다. 이 시기의 방황은 외도나 갑작스러운 사직, 이혼 등의 극단적인 결과로 이어지는 경우가 많다. '대입 이혼'이 많은 것도 자녀 교육기를 참는 것으로 일관해온 부부의 갈등이나 불화가 수면 위로 폭발한 결과라고 할 수 있다. 특히 자녀를 대학에 입학시킨 후 적막한 둥지를 지켜야 하는 주부들의 우울증을 소홀히 해서는 안 된다. 부부가 사회적인 성공 못지않게 가정적인 성공이나 행복을 위해서도 끊임없이 노력해야 화목한 부부 관계와 편안한 노후를 기대할 수 있다.

또한 20여 년의 결혼 생활을 반추하며 서로에 대한 기대치를 조정하고, 남은 시간을 배우자와 함께 즐기는 공부와 연습을 해야 한다. "당신 때문에 내 인생이 이 모양 이 꼴이 되었다"는 원망이나 비난은 접어두고 두 사람이 함께 만들어가야 할 미래에 초점을 맞추는 지혜가 필요하다. 누군가에게 주목을 받고 싶다거나 자신의 젊음을 확인시켜줄 누군가를 찾아 나서고 싶다는 일탈의 욕구를 건전하게 승화시키면서 배우자의 성적 욕구를 배려하고 신체적 매력과 건강을 유지하기 위해 부부가 함께 노력해야 한다.

중년기에는 가족 권력의 중심이 남편에게서 아내로, 부모에게서 자녀에게로 서서히 이동한다. 또 자녀가 사회에서 어떤 지위를 갖는가에 따라서 자녀와 부모의 관계도 영향을 받게 된다. 이는 매우 자연스러운 변화이므로 서글프게 생각하거나 상실감을 느끼지 말고 오랜 수고를 통해 사회에서 어느 정도의 위치를 확보한 자신의 삶을 돌아보며 자부심을 갖는 것이 좋다.

중년기는 노부모와의 이별이나 죽음에 대한 준비도 필요한 시기이다. 평소 부모의 건강 상태를 잘 살피고, 부모의 질병이나 죽음에 대한 마음의 준비를 시작해야 한다. 물론 여기에는 형제들과의 합의가 매우 중요한데, 이 과정에서 마찰이 발생하지 않도록 유의해야 한다.

마지막 단계인 노년기(막내 자녀 결혼부터 배우자 사망 및 본인 사망)에 대해서는 3장 5절 '부부의 노후 준비, 30대부터 시작하라'에서 얘기하기로 하겠다.

아주 사소한 노력으로도 제2의 신혼을 만들 수 있다

사랑도 변하고 부부 관계도 변한다. 영원히 변치 않을 것 같던 배우자의 마음도 변하고 당신의 마음도 수시로 변함을 부정할 수 없다. 함께 있다는 사실만으로도 가슴 저리게 행복했던 그 시절은 다 어디로 갔는지, 배우자를 쳐다보기도 싫고 살만 닿아도 몸서리가 쳐지는 때도 있을 것이다. '이 사람과 앞으로 몇십 년을 더 살아야 되나' 하는 생각만 해도 맥이 빠지는 때도 있을 것이고, 깜깜한 절망 속에서 눈물 흘리는 날도 있을 것이다.

하지만 부부가 함께 노력하면 예전의 관계를 회복할 수 있다는 희망의 끈을 놓아서는 안 된다. 깨가 쏟아지는 부부 사이도 내일은 모르는 것이며, 아무리 오늘이 절망적인 부부라도 두 사람이 함께 써내려 온 역사와 '그때 그 시절'을 떠올리며 부부가 힘을 합치면 얼마든지 제2의 신혼을 창조할 수 있는 것이 부부 관계의 묘미이다.

남들 앞에서 사이가 좋은 것처럼 연기하는 '무늬만 부부'가 아니라, 오래도록 한결같이 서로를 아껴주고 염려해주는 편안한 연인이요 평생의 말벗이 될 내 남편, 내 아내를 위해 변화를 시도해보자. 배우자가 전혀 변할 것 같지 않다고 해도 내가 먼저 배우자의 행동이나 말에 대응하는 방법을 조금만 바꾸면 부부 '관계'는 변화하게 마련이다. 이 사실은 놀라운 축복이요 예술이다. 그리고 두 사람의 '관계'가 바뀌면 결국은 배우자도 변화하게 된다. 그 시기를 앞당기는 것은 당신의 믿음이다. 나는 우리 부부 관계를 절대 포기하지 않겠다는 강한 신념과 부부간의 믿음만 있다면, 분명 마음 탁 놓아도 좋을 행복한 시기가 찾아올 것이다.

섹스, 부부의 연구 과제 1호

 남자들은 10대에는 큰 척, 20대에는 해본 척, 30대에는 센 척, 40대에는 피곤한 척, 50대에는 아픈 척, 그리고 60대에는 자는 척한다는 얘기가 있다. 그런가 하면 남자들이 목욕탕에서 제일 미워하는 놈은 양말 신고 윗옷 입고 넥타이까지 맨 다음에 팬티를 입는 놈이라는 얘기도 있다. 남자들의 대물 콤플렉스와 허풍을 꼬집는 우스갯소리이지만 많은 것을 시사하는 얘기이다.

남편과 아내의 동상이몽

요즘은 성 문제로 상담실을 찾는 부부가 늘고 있다. 특히 성적인 욕구불만을 이유로 상담을 요청하는 여성도 많아졌다. 섹스에 대한 만족도는 남녀가 약간 다른 기준을 가지고 있다. 남자들은 성교 중심의 사고방식을 가지고 있어서 '발기-삽입-사정-취침'이라는 공식 아래 성기의 크기와 횟수를 따지고, 여자들은 섹스에 대한 몰입도나 심리적 만족감을 중요하게 여긴다.

따라서 섹스에 대한 고민 역시 남자와 여자는 다른 양상을 보인다. 남자들은 성적으로 가장 왕성한 20대 초반을 지나 30~40대가 되면서 성욕이 점차적으로 줄어드는 것이 보통이다. 실제로 발기력도 떨어지고 정자의 활동성도 현저하게 저하된다. 또 '아내를 만족시키지 못하면 어떻게 하나' 하는 수행 불안이 점점 커지면서 잠자리를 회피하기도 한다. 신혼 때는 아무것도 모르는 아내가 순진해 보여서 좋았는데, 이제는 눈만 껌벅이며 누워 있는 아내를 보면 내가 지금 '타이어'에 바람을 넣고 있는 건가 싶어 김이 샌다는 남편도 있다. 반면에 아내가 적극적으로 나오면 "가족끼리 무슨 섹스냐"며 꼬리를 내리는 남편도 많다.

아내들 역시 일방적으로 자기가 하고 싶을 때, 자기 방식으로 '일'을 끝내버리는 남편과의 섹스가 즐겁지 않다. 그래서 아내들은 피곤하다거나 아이들이 아직 안 잔다고 핑계를 대기도 하고, 생리 중이라거나 아직 씻지 않았다며 거절하기도 한다. 어떤 아내들은 무슨 일인가 싶어 덤벼드는 강아지를 방패로 쓴다고도 한다. 하지만 도저히 방법이 없을 때는 '의무방어전'으로 때우기도 하는데 "그냥 대줄 뿐"이라는 여성도 많다. 또 할 때마다 "좋았어?" 하고 묻는 남편에게 때로는 예의상, 때로는 습관적으로, 그리고 가끔은 빨리 끝내고 싶어서 그냥 좋았다고 대답해준다는 아내도 많다.

특별히 문제가 없는 부부라 하더라도 자녀의 양육과 교육, 집안일, 회사 일 등에 시달리다 보면 섹스 자체를 잊고 살기도 한다. 물론 섹스를 시작하면 그럭저럭 괜찮지만, 복잡한 일상에 심신이 지쳐 있다 보니 막상 섹스를 하려 들면 왠지 귀찮은 것이다. 이들은 성욕이 줄고 발기부전이나 성교 통증 등을 느끼더라도 별문제 아니라고 생각하며, '늙으면 다 그런 거지' 하고 방치한다.

마음의 상처까지 치유해주는 선물

부부간의 성은 하늘이 내려준 선물이다. 부부는 성관계를 즐길 권리가 있으며, 상대방의 성적 욕구를 배려할 의무가 있다. 출산이라는 본연의 목적을 넘어 성은 부부 관계를 돈독하게 해주는 대화이자 즐거움을 주는 오락이다. 섹스를 신혼부부의 전유물인 것처럼 여기는 사람도 많지만, 건강만 허락한다면 노년기까지도 얼마든지 즐길 수 있는 것이 섹스이다. 실제로 은퇴 이후에 오히려 성생활에 관심을 갖게 되고, 그로써 삶에 활기를 되찾았다는 노부부도 많다.

섹스는 심폐 기능을 강화시키고 노화를 방지해주며, 면역력을 높여

줄 뿐만 아니라 다이어트 효과도 있다고 성의학자들은 주장한다. 또 섹스는 사랑받고 있다는 만족감과 심리적 안정감을 주며, 마음의 상처를 치유하는 효과도 있다는 것이다. 성폭력의 상처 때문에 정상적인 부부 관계를 기피해오던 여성이 우리 상담실을 찾았다. 그러나 남편의 정성스러운 배려를 통해 자신의 몸이 얼마나 소중한지를 깨닫고 남편과 나누는 사랑의 행위가 얼마나 즐거운 것인지를 맛본 다음 상처가 많이 아물었다.

부부의 성생활에도 공부가 필요하다

부부간의 만족스러운 성생활을 위해서도 공부를 해야 한다. 부부를 위한 워크숍 때 성에 대해 간단한 테스트를 해보면 기본적인 상식조차 모르거나 잘못된 속설을 진리처럼 떠받들고 사는 부부가 예상외로 많다. 예를 들면 일주일에 20대는 몇 회, 30대는 몇 회, 이런 식으로 연령에 따른 섹스 횟수를 기준으로 삼고 비교하는 이들이 적지 않다. 그런가 하면 스킨십이나 삽입은 하되 사정은 하지 않는 것이 더 좋다는 남성도 있고, 정상위를 제외한 다른 체위는 변태들이나 하는 짓으로 생각하는 여성도 있었다.

이런 식으로 근거도 없이 떠도는 속설만 믿고 두 사람만의 성생활을 가꾸지 않으면 즐거운 섹스는 어려워진다. 두 사람의 관계 개선에도 도움이 되는 보다 즐거운 성생활을 누리려면 지식이 필요하다. 하지만 누구네 남편은 어떻다더라 하는 남의 이야기는 별 도움이 안 된다. 침실에서 벌어지는 은밀한 일이 있는 그대로 전달될 리도 없지만, 부부는 모름지기 자기들만의 방법으로 사랑의 기술을 익혀나가야 하기 때문이다.

성에 관한 책을 함께 읽고 그 내용에 대해 부부가 대화를 나누는 것도 좋은 방법이다. 서로의 성감대가 어디인지, 어떤 체위를 좋아하는지, 또 어떤 것을 싫어하는지 등 서로의 욕구를 솔직하게 털어놓을 필요가 있다. 처음에는 어떻게 그런 얘기를 하느냐며 민망하게 여길지 모르지만, 일단 얘기를 꺼내보면 서로에 대해 너무 모르고 있다는 것을 깨닫고 서로 진지한 노력이 필요하다는 것을 느낄 것이다.

부부 관계가 원만치 않은 원인은 한두 가지가 아니다. 신체적 조건이나 건강은 물론, 심리적인 상태, 외부 환경 등 복잡한 문제들이 얽혀 섹스 트러블이 된다. 또 기질적으로 문제가 있어 전문의의 도움이 필요한 경우도 있다. 이때는 다른 사람들의 말만 듣고 섣불리 해결하려 하지 말고, 전문 클리닉을 찾아가 도움을 받는 것이 좋다. 병원을 찾는 것이 창피하다는 생각에 하루하루 망설이는 동안 전문가의 도움으로 간단히 해결할 수 있는 문제가 큰 문제로 번질 수 있다는 것을 기억하기 바란다.

성욕에는 남과 여가 따로 없다

50대 초반의 여성이 남편과 함께 연구소를 찾아왔다. 이 여성은 남편에 대한 불평불만이 너무 많아서 중간에 말을 끊을 수가 없었다. 그런데 남편은 뭐가 불만인지 모르겠다고 답답함을 호소했다. 사실 내가 듣기에도 그 여성이 열거하는 불평은 어느 가정에나 다 있을 법한 문제들로, 남편이 크게 잘못한 점을 찾기가 어려웠다.

그렇게 첫 회기를 별 진전 없이 맴돌다가 3회기 때는 부인만 따로 만나게 되었다. 부인은 처음에는 꽤 길게 돌리고 돌려서 얘기하다가 결국은 남편과의 잠자리가 큰 불만 중의 하나라고 털어놓았다. 그러나 따로 만난 남편은 아내가 단 한 번도 그런 얘기를 한 적이 없고, 사사건건 바가지를 긁고 못살게 구니 그런 아내와 섹스를 하고 싶겠느냐며 오히려 억울함을 토로했다. 나는 부부의 상황을 고려하여 몇 가지 과제를 제시했고, 두 사람은 과제를 성실하게 수행한 결과 오래지 않아 화목한 부부 관계를 되찾게 되었다.

남성들은 아직까지도 여성의 성적인 욕구를 충분히 배려하지 못하는 것이 사실이다. 여성들 또한 성욕을 느끼거나 표현하는 것은 정숙하지 못하고 부끄러운 행동이라는 고정관념을 벗어던지지 못하고 있다. 앞서 얘기한 부인의 경우처럼 내가 남편에게 먼저 잠자리를 요구하면 남편이 나를 어떻게 생각할까, 또 내 요구를 남편이 거부하면 얼마나 낯 뜨거울까 고민하는 여성이 의외로 많다. "내 입으로 그런 얘기 꺼내느니 그냥 안 하고 말겠다"는 것이다. 그러나 여성도 남성과 다를 바 없는 성적 욕구를 가지고 있으며, 아내가 원할 경우 남편은 마땅히 그 욕구를 존중해줘야 할 의무가 있다.

몸보다 마음을 먼저 애무하라

부부간의 섹스는 단순한 기교나 테크닉의 문제가 아니라 그 이전의 부부 관계가 어떠했는가에 큰 영향을 받는다. 사실 여성뿐만 아니라 남성들도 신체적인 문제와 별개로 심리적인 문제 때문에 성관계에 어려움을 겪는 경우가 많다. 남녀를 불문하고 서로에 대한 믿음 속에서 따뜻한 사랑과 관심으로 서로를 배려하고 챙겨줄 때 마음과 몸이 함께 열리는 것이다.

이유 없이 아내가 잠자리를 거부하여 욕구불만이 쌓인 남편들은 아내를 탓하기 전에 자기 자신을 먼저 돌아봐야 한다. 이때 필요한 것은 아내의 마음을 읽고 그 마음을 애무해주려는 노력이다. 왜 섹스를 거부하느냐고 불평하거나 아내를 비난하는 것은 부부 관계를 개선하는 데 아무런 도움이 되지 않는다. 남편에 대한 신뢰를 남편 스스로 깨뜨리거나 마음에 상처를 준 적은 없는지, 결혼 생활에 만족하지 못하는 또 다른 이유가 있는 것은 아닌지 두 사람의 관계부터 점검해보자.

더러는 부부 싸움 후 배우자에게 복수하는 수단으로 성을 무기로 삼기도 한다. 아내는 잠자리를 거부하는 것으로, 남편은 물리적인 힘을 행사해 잠자리를 강요하는 것으로 서로를 괴롭히는 것이다. 이런 일이 벌어지면 두 사람의 관계는 걷잡을 수 없는 방향으로 흘러가게 된다. 특히 물리력을 행사하여 성관계를 강요한다면 이는 부부간이라도 '강간'으로 법적인 처벌을 받을 수 있는 폭력이 된다. 그러나 아내 또한 남편의 요구를 '짐승 같은 짓'으로 몰아붙이며 모멸감을 주지 말고 왜 내가 지금 하고 싶지 않은지, 왜 할 수 없는지를 정중하게 설명할 필요가 있다.

나아가 배우자와의 잠자리가 원만치 않다는 것을 핑계로 외도를 하는 것은 문제를 극단적으로 몰고 가는 행동이다. 외도는 부부간의 신뢰를 뿌리째 흔드는 사건으로, 설사 이 문제로 이혼을 하지 않는다 해도 평생의 상처로 남게 마련이다. 외도 때문에 금이 간 관계를 이전의 관계로 돌이키는 것은 무척 어려운 일이다. 배우자는 물론 자식들 앞에서도 떳떳할 수가 없으며, 결국 자신을 가족으로부터 '왕따'시키는 결과를 부른다. 외도하는 사람은 스트레스 해소나 기분 전환, 또는 자유를 만끽하고 싶어서라고 다양한 이유를 둘러대지만 그런 사소한 욕심으로 벌이기에는 치러야 할 대가가 너무 큰 도박이 외도이다.

부부간의 성생활에 정해진 각본은 없다

섹스는 부부가 아무것도 걸치지 않은 순수한 몸으로 하는 일종의 놀이라고 할 수 있다. 그러니 섹스의 주인공은 당연히 부부이다. 여기에는 정해진 각본도 없고, 타인의 시선도 없다. 두 사람이 합일을 이루어 둘만의 놀이 방법을 개발해나가면 되는 것이다.

부부간의 성관계는 대단히 배타적이고 은밀한 것이어서 남들 앞에서 얘기하기는 쑥스럽지만, 두 사람이 합의하여 즐길 수 있다면 어떤 것이든 좋다. 사회적 통념을 크게 뛰어넘거나 신체적 해를 입히는 행동만 아니라면 최대한 다양한 방법으로 최상의 즐거움을 찾아도 된다.

한 예로 여성 중에는 오럴 섹스를 거북하게 생각하거나 남편의 이 같은 요구를 수치스럽게 생각하는 경우가 종종 있다. 하지만 이 역시 부부가 서로 동의하기만 한다면 또 다른 짜릿한 기쁨을 주고받을 수 있다. 섹스 중에 자연스럽게 흘러나오는 신음 소리나 교성도 마찬가지이다. 좋으면 좋다고 말하고, 온몸에 전율이 퍼질 때는 몸과 표정과 소리로서 그것을 표현하는 것이 좋다. 배우자가 즐거워하고 기뻐하는 모습은 또 다른 자극이 되어 섹스의 만족도를 높이기 때문이다.

쿨리지 효과 Coolidge Effect 라는 것이 있다. 간단하게 얘기해서 섹스 상대를 바꾸면 성적인 쾌감이 더 높아진다는 것인데, 부부간에는 이 일이 불가능하기 때문에 이와 비슷한 효과를 볼 수 있는 방법을 찾아보면 좋다. 장소나 시간을 바꿔보거나 옷이나 화장, 향수 등을 활용하는 것도 좋고, 촛불이나 조명의 도움을 받아 색다른 무드를 조성해보는 것도 효과적이다. 이런 변화는 배우자의 새로운 매력을 발견할 수 있는 기회를 제공한다. 오랜 세월 동일한 상대와의 섹스를 보다 즐거운 자극으로 만들기 위해서는 습관적인 섹스에서 벗어나 좀 더 창의적이고 자극적인 섹스를 연구해볼 필요가 있다.

섹스의 완성이 오르가슴이라는 생각은 착각

오르가슴에 대한 잘못된 신화 때문에 부부 관계가 소원해지는 경우도 적지 않다. 특히 포르노물에 익숙한 사람들은 일상적인 섹스를 지루하고 밋밋하게 여기기 쉽다. 하지만 어떤 영상물도, 타인의 입을 통해 전해 듣는 그 어떤 말도 과장되게 마련이다. 인생을 송두리째 바꿀 만큼 환상적인 오르가슴은 기대하지 않는 것이 좋다.

무엇보다 부부간의 섹스는 오르가슴을 목표로 하는 것이 아니다. 오르가슴은 섹스의 여러 단계 중 하나일 뿐이며, 섹스의 가장 큰 즐거움이 오르가슴인 것도 아니다. 단지 순간의 오르가슴에 지나치게 집착하는 것은 두 사람의 관계마저 위협할 수 있는 잘못된 태도이다.

오르가슴은 신체적 쾌락과 동시에 부부가 정성 들여 서로의 요구와 감정을 조절하며 몸과 마음을 맞춰가는 과정에서 느끼는 일치감이다. 그러므로 남편의 기를 죽이지 않기 위해 일부러 오르가슴을 연기할 필요도 없고, 아내를 만족시켜주어야 한다는 강박관념으로 부담감을 가질 필요도 없다. 이 두 가지 모두 오히려 섹스에 몰입하는 것을 방해해 진정한 즐거움을 맛볼 기회를 앗아가버린다. 섹스는 두 사람의 사랑을 보다 적극적으로 표현하고 수용하는 과정이라는 것을 기억하기 바란다.

아내를 여자로, 남편을 남자로 보라

어떤 아내들은 남편과의 잠자리가 귀찮으면 일부러 세수도 안 하고 머리도 부스스하게 한 채 추리닝만 입고 다닌다고 한다. 웃자고 하는 농담이지만 이 말에는 매우 중요한 의미가 포함되어 있다. 남편도 남자고 아내도 여자인지라 상대가 성적으로 아무런 매력이 없으면 어쩔 수 없는 '의무방어전' 외에 달리 마음이 동하지 않게 마련이다.

부부간의 섹스에도 지켜야 할 예의가 있으니, 그 첫 번째 덕목은 단연코 청결이다. 씻지도 않고 양치질도 안 하고 마늘 냄새와 술 냄새를 풍기며 달려드는 남편을 누가 좋다고 하겠는가. 음식 냄새와 머리 냄새가 나는 아내에게서도 '여자'를 느끼기는 어렵다. "부부간인데 뭐 어떠냐", "아침에 씻었는데 뭘 또 씻느냐"며 양말만 벗어 던지고 침대에 오르는 남편을 보면 정나미가 뚝 떨어진다고 한다.

물론 여자들은 출산 이후 살이 찌거나 집안일에 바쁘다 보면 자신을 아름답게 꾸밀 시간이 절대적으로 부족하다. 하루 종일 아이 돌보고 청소하고 설거지하느라 정신이 없는데, 밤이 되었다고 해서 갑자기 섹시한 잠옷으로 갈아입는 것도 좀 우습다고 생각한다. 이런 입장은 남자들도 비슷한데, 하루 종일 격무에 시달리고 술까지 한잔 곁들이면 씻는 것은 둘째치고 일단 '동'했을 때 '통'하고 싶은 생각이 앞선다.

하지만 이래가지고서야 무슨 분위기가 잡히겠는가. 섹스는 시각과 후각의 영향이 매우 중요하다. 아내는 남편을 유혹할 필요까지는 없지만 최소한의 여성스러움을 잃지 말고 드러낼 줄 알아야 하며, 남편 또한 초콜릿 복근까지는 무리이더라도 아내에게 "당신 몸매는 아직도 귀여운 데가 있다"는 말 정도는 들을 수 있도록 신체적인 매력을 가꿀 필요가 있다.

자위에 대한 고정관념을 버려라

결혼 1년 만에 첫아이를 낳은 젊은 주부가 상담을 청해온 적이 있었다. 이들 부부는 결혼 두 달 만에 아이가 생겼는데, 임신 초기에 유산 가능성이 있다고 하여 임신 기간 내내 금욕 생활을 했다. 또 출산 이후 몸을 회복하는 데도 다른 사람보다 시간이 걸려 한동안 부부 관계는 엄두도 못 냈다. 그런데도 이 집 남편은 별 불평이 없었다. 아내 역시 회사 일로 피곤해서 그러려니 했다. 하지만 언젠가부터 남편이 밤만 되면 서재에 틀어박혀 인터넷만 하고 있다는 데 생각이 미쳤다.

이를 미심쩍게 여긴 아내는 먼저 잠자리에 드는 척하다 조용히 서재로 다가가 노크도 하지 않고 문을 열었다. 아니나 다를까, 남편이 음란물을 보며 자위를 하고 있는 게 아닌가! 남편의 모습에 너무 충격을 받은 아내는 남편이 너무 짐승 같고 불결하게 여겨져서 남편 얼굴을 쳐다보기도 싫고, 이 남자와 어떻게 살아야 하나 싶은 생각에 눈물만 난다며 하소연을 했다.

그러나 그 집 남편은 짐승도 아니고 변태성욕자도 아니었다. 그는 지극히 정상적이고 건강한 남자였다. 문제는 오히려 자위에 대한 편견과 고정관념에 빠져 있는 아내에게 있었다. 비뇨기과학회에서 발표한 한 보고서에 따르면 우리나라 기혼 남성의 48%, 기혼 여성의 22%가 자위를 하고 있다고 한다. 자위는 성적 긴장감을 해소하고 섹스와는 또 다른 쾌감을 제공하기 때문에 정상적인 성관계를 거부한 채 자위에만 몰두하는 것이 아니라면 정상적인 행위의 하나로 인정하는 것이 좋다.

특히 여성들은 남편의 자위행위에 대해 "나를 두고 어떻게 자위를 할 수 있느냐. 짐승 같다. 나를 더 이상 사랑하지 않는 게 아니냐"며 비난하는 경향이 있다. 하지만 부부의 성적 욕구가 타이밍이 맞지 않을 때 자위는 이를 해소하는 출구가 될 수 있다. 배우자의 자위행위를 적당히 눈감아주거나 오히려 적극적으로 도와주며 성생활의 활력소로 활용한다면 이 또한 새로운 즐거움이 될 것이다.

만약 서로의 생활 리듬이 맞지 않아 잠자리가 소원해진다면 날짜를 정해놓고 섹스를 즐기는 것도 한 방법이다. 맞벌이 부부의 경우 '매주 화요일과 목요일, 아니면 다음 날 출근 부담이 없는 금요일이나 토요일' 같은 식으로 날짜를 정해놓으면 외부 약속을 조정하거나 집안일을 빨리 끝내고 두 사람만의 시간을 가질 수 있다. 그리고 아이들이 어느 정도 성장하면 엄마와 아빠가 오늘 밤엔 긴히 할 일이 있으니 방해하지 않았으면 좋겠다고 양해를 구하는 것도 좋은 방법이다.

부부간의 성관계가 너무 뜸하면 성 기능이 떨어질뿐더러 부부 사이에 금이 가기도 한다. 섹스의 중요성을 폄하하거나 아예 남의 일로 치부하며 살아가는 부부도 있지만, 원만한 성관계는 행복한 부부들이 공통적으로 밝히는 행복의 비결 중 하나이다. 배우자가 어떤 식의 성욕을 갖고 있는지 이해하고 부부간의 섹스를 좀 더 즐거운 것으로 만들기 위해 서로 노력한다면 보다 행복한 부부 관계를 약속할 수 있으리라 믿는다.

고부 갈등, 그 영원한 숙제

우리 할머니와 어머니 세대만 해도 시집살이는 참 혹독했다. 며느리의 서열은 나이 어린 시동생이나 시누이도 받들어야 하는 가장 낮은 자리였다. 시어머니와 며느리는 '바깥에서 들어온 여자'라는, 같은 처지에 있으면서도 며느리는 시어머니에게 절대적으로 복종하고 무조건 인내해야 하는 지배와 복종의 관계였다. 세상의 모든 시어머니는 자신도 한때 며느리였다는 것을 망각하고 사는 것처럼 보일 때가 있다.

게다가 그 당시만 해도 우리나라는 부부보다 부자 관계를 우선시하는 사회여서 남편도 별 도움이 안 되었다. 통신이나 교통이 불편하던 시절이었으니 친정이나 친구들의 도움을 청하기도 어려웠다. 며느리가 가족의 한 사람으로 인정받는 방법은 아들을 낳는 것밖에 없었다. 우리나라의 남아 선호 사상은 아들을 낳아야만 비로소 사람대접을 받을 수 있었던 그 시대에 어머니들의 고단한 시집살이가 낳은 산물이라고 볼 수 있다.

고부 갈등의 주요 원인은 시어머니의 상실감

문제는 이러한 남아 선호 사상이 밀착된 모자 관계로 발전하고, 이는 다시 고부 갈등의 원인이 된다는 점이다. 자신의 시집살이를 면해 주고 무심한 남편을 대신해 위안을 주던 아들을 며느리라는 이름의 다른 여자에게 내주려니 상실감이 클 수밖에 없는 것이다. 시어머니의 이 같은 상실감은 비상식적인 행동으로 나타나는 경우가 많다.

상담실이나 방송에서 접하는 사례를 보면 경우 없는 시어머니 때문에 발생하는 고부 갈등이 많다. 아들 내외의 방문 앞에 요를 깔고 자는 시어머니가 있는가 하면, 시어머니가 시도 때도 없이 들이닥쳐 청소 상태를 점검하고 냉장고와 쓰레기통까지 확인하는 바람에 노이로제에 걸릴 것 같다는 며느리도 있다. 또 분수에 넘치게 사치하는 시어머니가 며느리에게 손을 벌려 빚까지 지게 한 경우도 있고, 곧 죽을 것 같다고 전화를 해서 달려가 보면 멀쩡히 앉아 텔레비전을 보고 있는 시어머니도 있다. 이런 시어머니들은 주로 며느리와 통화할 때는

"별일 없다"고 말하다가도 아들이 전화를 바꿔 들면 "너희들은 사람이 죽어나가도 모르겠다"며 엄살을 부린다.

자신의 부부 갈등에서 오는 스트레스를 며느리에게 푸는 시어머니도 있고, 부부 싸움을 할 때마다 아들네 집으로 짐을 싸들고 와서 아들의 식사며 속옷까지 챙겨주는 시어머니도 있다. 아들의 학력이나 직업이 좋은 경우 시어머니의 횡포는 극에 달한다. "네가 어디 가서 내 아들처럼 훌륭한 남편을 만나겠느냐"는 식이다. 이런 시어머니들은 며느리를 가정부 대하듯 하며 구박한다. 왜냐하면 아들이 결혼 전일 때는 자신이 모두 누리고 차지했으나 며느리가 아들과 결혼함으로써 그 모든 것을 가로챘다고 생각하여 미워하는 것이다.

아들이 여럿이면 며느리들의 직업이나 학력, 친정의 경제력 등을 비교해가며 차별하는 경우도 흔하다. 이런 시어머니일수록 평소 시부모를 모시거나 가까이서 늘 보살피는 며느리의 고충은 나 몰라라 하고 모처럼 찾아와 여우 짓을 하는 며느리만 챙기는 경우가 많다. 반대로 시어머니의 지나친 배려도 며느리에겐 부담스러울 때가 있다. 철마다 김치를 대여섯 가지씩 담가오고, 시시때때로 아들이 좋아하는 밑반찬을 싸 들고 오며, 주말마다 불러들여 "저녁 먹고 가라, 자고 가라" 하고 붙잡으면 서로 얼굴 보고 밥 한 끼 먹기도 힘든 맞벌이 부부에겐 부담이 될 수밖에 없다. 그래서 시어머니가 해다 준 반찬을 어쩔 수 없이 친정에 갖다 준다는 사람도 있다.

시부모에게서 받는 도움이나 지원은 별로 없는 데 반해 며느리가 치러야 하는 대가가 너무 많을 때도 고부 갈등이 생길 수 있다. 변변한 전셋집 하나 마련해주지 않은 시부모의 생계를 책임져야 하는 경우, 시부모의 빚을 대신 갚아야 하는 경우, 형제간 서열과 상관없이 시부모 부양을 떠맡아야 하는 경우 등은 며느리에게 불만을 불러일으킬 수밖에 없다.

집안 살림을 책임지는 주부로서의 권력 다툼도 고부 갈등의 원인 중 하나라고 할 수 있다. 모든 살림살이의 주도권을 쥐고 있던 시어머니 입장에서는 며느리가 침입자처럼 느껴지고, 남편의 수입으로 생활하는 며느리는 경제권을 본인이 가져야 한다고 생각하기 때문에 이들 사이에서는 좀체 합의가 이루어지지 않는다. 이러한 경우 살림을 하는 방법이나 아이 키우는 방법 하나하나도 각자 자신의 생각이 옳다고 믿기 때문에 대립이 생긴다.

세대 차이도 무시할 수 없다. 30년 이상 나이 차이가 나는 두 사람은 살아온 시대적 배경 자체가 다르기 때문에 생활 방식이나 사고방식 전반에서 서로 차이가 날 수밖에 없다. 물론 친정어머니와 딸 사이에도 세대 차이는 존재하지만, 이들의 관계에는 공통적인 경험이나 추억, 친밀감이나 유대감 등이 있기 때문에 웬만한 갈등은 비켜가는 힘이 있다. 하지만 '사랑하는 남자의 어머니'라는 것 외에 아무런 유대감이 없는 시어머니에 대해서는 이해의 폭이 좁을 수밖에 없다.

이 같은 갈등의 원인들은 다른 인간관계에서도 나타나지만 고부간에는 서열이 분명하고 절대적인 권력이 개입되는 만큼 문제를 풀어가는 과정이 매끄럽지 않은 것이다. 여기에 더해 시어머니와 아들의 사이가 각별한 경우 시어머니는 아들의 사랑을 며느리에게 빼앗겼다고 느끼게 되어 갈등이 커지기도 한다. 특히 남편과의 애정에 문제가 있거나 홀로된 시어머니 그리고 외동아들인 경우 고부 갈등이 상대적으로 많은 편이다.

시어머니나 남편도 힘들긴 마찬가지

그러나 요즘은 고부 갈등의 양상에도 변화가 찾아오고 있다. 이전의 고부 갈등이 '시어머니 우세형'이었던 데 반해 점차 '며느리 우세형'이 많아지고 있는 것이다. 며느리가 시어머니보다 더 많이 배우고, 경제력이나 정보량에 있어서도 우위에 있기 때문에 집안일의 주도권이 며느리에게로 넘어간 경우이다. 특히 개인주의나 양성평등적인 가치관을 가지고 있는 며느리들이 더 이상 유교적인 가족 규범에 순종하지 않고 자기 목소리를 내기 시작하면서 시어머니가 상담실 문을 두드리는 사례가 늘어나고 있다.

시부모의 의견은 들어보지도 않고 집안 대소사를 독단적으로 처리해버리는 며느리, 시부모 부양 자체에 관심이 없는 며느리, 일을 핑계로 집안일을 전혀 돌보지 않거나 시부모에게 불손하게 대하는 경우 등이 대표적이다. 어느 시어머니는 며느리 눈치가 보여 배가 고파도 밥통이나 냉장고 문을 열기가 어렵고, 며느리가 사다놓은 우유는 손도 대본 적이 없다고 하소연을 했다. 며느리가 딱히 뭐라고 하는 것도 아닌데, 며느리 수입으로 생활하는 아들 집에 얹혀산다는 자격지심에 스스로 위축되는 것이다.

고부간에 갈등이 생기면 중간에 끼여 있는 남편도 고통스럽다. 아내에게는 "우리 엄마가 그렇게 이상한 사람은 아니다"라며 어머니를 변명하고, 어머니에게는 "집사람도 노력하고 있다"고 아내를 변호하지만 양쪽의 불만 섞인 이야기를 들어주는 것만으로도 남편에겐 스트레스가 된다. 뿐만 아니라 남편 역시 장모와의 관계에서 불편을 겪는 장모-사위 간의 갈등도 꾸준히 증가하고 있다. 여성의 경제활동이 활발해지면서 친정과 가까이 지내는 가정이 많다 보니 이 같은 추세는 당분간 계속될 것으로 보인다.

고부 갈등을 막고 풀기 위한 7가지 제안

제안 1—갈등을 당연한 것으로 받아들여라

고부 관계는 장성한 자식과 부모의 관계 중 하나일 뿐이다. 부자지간, 모녀지간, 장모와 사위, 시아버지와 며느리 등 어떤 관계에서도 갈등은 있게 마련이다. 각기 다른 세대를 살아온 성인들이 어울려 사는데 아무 문제가 없다면 그것이 오히려 이상한 것이다. 흔히들 가장 가까운 사이라고 하는 모녀지간조차 서로 나이가 든 뒤에 한 지붕 밑에서 살다 보면 갈등이 생길 수밖에 없다.

그러니 시어머니는 까다롭고 며느리를 부려 먹기만 하는 사람이라는 생각이나 '시'자 들어가는 것은 시금치도 안 먹는다는 식의 고정관

넘을 갖는 것 자체가 고부 관계를 해치는 원인이 될 수 있다. 이런 경우 어떤 인간관계에도 갈등은 있으며 갈등이 있는 관계가 반드시 문제가 있는 것이 아님을 기억하면 한결 마음이 편해진다. 오히려 그 갈등을 지혜롭게 조정하면 서로를 더욱 잘 이해할 수 있는 계기로 삼을 수 있다.

제안 2— 시어머니에게서 친정엄마를 기대하지 마라

시어머니들이 며느리를 비난할 때 "살다 보니 본성이 드러나더라"라고 말한다. 하지만 그건 보는 시각에 따라 차이가 있을 수 있다. 며느리 입장에서 얘기하자면 "해도 해도 안 되니 포기했다"고 말할 수도 있기 때문이다. 실제로 많은 며느리들이 결혼 초에는 좋은 며느리가 되려고 노력한다. 웬만한 일은 참고 받아들이며 자식 노릇에 충실하려고 한다. 그것이 시어머니의 사랑을 얻어내는 방법이라고 생각하는 것이다.

하지만 아무리 며느리가 시어머니에게 잘하려고 노력한다 한들, 그리고 아무리 시어머니가 며느리를 예쁘게 보려고 애쓴다 한들 서로의 기대치를 모두 충족시키기는 어렵다. 결혼 초에 시어머니가 "친딸처럼 생각하겠다"고 한 말에 대해 크게 기대하지 않는 것이 좋다. 며느리는 딸이 될 수 없으며 친정엄마와 딸 사이에도 갈등이 많기 때문이다. 그리고 기대가 작으면 실망도 작은 법이다. 며느리로서 할 수 있는 최선을 다하되, 내가 어떻게 할 수 없는 부분까지도 어떻게 해보려고 무리하다가 자신까지 망치고 관계마저 해치는 우를 범하지는 말아야한다.

제안 3―시어머니의 공로를 인정하라

지금의 어머니들은 대부분 어려운 시절에 태어나 척박하고 기구한 삶을 살아왔다. 따라서 시어머니 역시 한 인간으로서 이해받고 또 위로받고 싶은 욕구가 크다. 특히 다른 사람은 몰라도 자식들에게서만은 마음에서 우러나오는 감사의 말을 듣고 싶어 하는 것이 인지상정이다. 그러니 시어머니를 '시어머니'라고 생각하지 말고 안쓰러운 한 여성으로 생각한다면 갈등을 크게 줄일 수 있다.

어떤 일을 할 때 시어머니의 의견이 결정적인 역할을 하지 못할지라도 일단 의견을 구하고, 사소한 일도 상의하고 시어머니의 공로를 인정한다면 고부 관계가 훨씬 더 부드러워질 수 있을 것이다. 끊임없이 무언가를 요구하는 시어머니들은 대부분 자신의 희생에 대한 인정이나 보답을 바라는 마음이 크다. 그들을 인간적으로 위로하고 외로움을 감싸 안는 큰마음을 가질 필요가 있다.

제안 4―남편에게 편 가르기를 강요하지 마라

아들은 제 어머니의 단점을 잘 보지 못한다. 따라서 아내가 어머니를 험담하거나 어머니 때문에 고달프다고 하소연하면 잘 이해하지 못하는 경우가 많다. 그렇기 때문에 "당신은 어머니 편이에요, 내 편이에요?", "어머니와 나 둘 중 한쪽을 선택하세요!" 같은 말은 남편에게 잔인한 고문일 수 있다. 시어머니와 갈등이 불거졌을 때 남편이 내 편에 서주기를 바란다면 평소에 "당신이 어머니께 더 잘하세요"라고 말하는 편이 훨씬 현명하다.

제안 5—무조건 참지 말고 자신의 생각과 느낌을 표현하라

'착한' 며느리들이 저지르는 실수 중 하나는 큰 문제는 오히려 잘 참다가 사소한 일로 감정을 폭발시키는 것이다. 참는 일이 많다 보니 앙금이 쌓이고 쌓여 결과적으로는 작은 일에도 감정 조절이 잘 안 되는 것이다. 하지만 이런 행동은 가장 어리석은 짓이다. 그래봤자 그동안 자신이 얼마나 참았고 얼마나 고통이 컸는지는 전혀 이해받지 못하고 못된 며느리, 싸가지 없는 며느리만 되어버리기 때문이다.

시어머니의 말씀에 무조건 복종해야 된다는 논리는 이제 더 이상 설득력이 없다. 시어머니의 요구가 도저히 받아들일 수 없는 것이라면 단호하면서도 정중하게 거절하는 것도 능력이다. 물론 며느리가 시어머니나 시댁의 잘못을 대놓고 얘기하는 것은 대단히 어렵고 위험한 일이다. 그렇다고 남편이 알아서 해결하도록 무작정 떠넘겨서도 안 된다. 또한 악역을 아내에게 미루고 남편 자신은 뒤로 빠지는 것도 비겁하고 무책임한 행동이다. 무리한 요구가 있을 때는 부부가 머리를 맞대고 의논하여 해결책을 찾은 다음, 한 목소리로 부모님께 그 뜻을 전달하는 것이 좋다.

제안 6―남편이 아내의 방패막이가 되어주어라

아내의 보호자는 남편이다. 특히 시댁에서 아내를 변호하고 보호해 줄 사람은 남편밖에 없다. 그렇기 때문에 남편은 평소 아내의 장점이나 잘하는 일에 대해 시댁 식구들 앞에서 아낌없이 칭찬하고 적극적으로 아내의 방패막이가 되어주어야 한다. 그리고 장인과 장모에게도 사위로서 최선을 다해야 아내의 마음을 위로할 수 있다. 친정에는 아무것도 못해주면서 시댁에는 어쩔 수 없이 퍼줘야 하는 아내의 마음을 이해하고 다독이는 것이 아내가 시부모님께 더 잘하고 싶은 마음을 불러일으키는 비결 중의 하나라는 것을 잊지 말아야 한다.

아내에게 휴가를

전업주부에게는 출퇴근 시간이 없다. 휴일도 없고, 휴가도 없고, 함께 일하는 동료가 없으니 수다 떠는 즐거움도 기대할 수 없다. 해도 해도 끝이 없지만 조금만 소홀히 하면 금세 표시가 나는 것이 집안일이기도 하다. 형편에 따라 한 달에 한 번, 분기에 한 번, 사나흘도 좋고 1박 2일도 좋고 단 하루라도 좋으니 아내에게 휴가를 주자. "집에서 노는 사람에게 무슨 휴가냐, 잘해주면 더 기어오른다"는 남편도 있지만, 잠깐 동안의 휴가가 아내에게 대단히 큰 기쁨과 해방감을 안겨준다면 그것은 다시 가족을 위해 쓸 수 있는 힘의 원천이 된다. 휴가가 여의치 않으면 퇴근 시간만이라도 정해놓고, 밤 9시 이후에는 간식이든 다림질이든 각자가 알아서 처리하는 식으로 아내를 해방시켜주자.

제안 7—부모님 부양 문제는 가족회의를 통해 결정하라

형제가 많은 집일수록 부모가 갈 곳이 없다고 한다. 동생들은 당연히 장남이 모셔야 한다고 생각하고, 장남은 또 동생이라도 형편이 좋은 자식이 부모를 책임져주기를 기대한다. 또는 성장기에 부모의 사랑과 지원을 많이 받은 자식이 부모를 모셔야 한다고 생각하는 경우도 있다.

하지만 이 문제는 모든 가족이 머리를 맞대고 최선책을 찾아야 한다. 경제적 여유가 있는 자식은 금전적으로 힘을 보태고, 시간의 여유가 있는 자식은 신체적인 부양을 맡고, 자주 전화 드리고 소식 여쭙는 정서적 부양은 골고루 나눠서 맡는 등 모두가 합의할 수 있는 방법이 반드시 있을 것이다.

내가 아는 어느 가족은 전업주부인 셋째 며느리가 시부모 부양을 맡는 대신 다른 형제들이 돈을 모아 셋째가 이층집으로 이사할 수 있게 지원했다. 같은 집이지만 위층엔 자식 내외가 살고 아래층엔 부모님이 사는 식으로 생활공간을 조정한 '수정 핵가족'의 형태를 선택한 것이다. 이와 비슷한 방법으로 '국이 식지 않을 만큼의' 가까운 거리에 살면서 자주 왕래하는 것도 괜찮은 방법이다. 가족 간에 독립성을 유지하면서도 정서적 유대 또한 잃지 않는 '수정 확대가족'의 모델이라고 할 수 있다.

만약 부모님이 치매나 중증 질환을 앓고 있어서 간병인의 도움이 필요한 상황이라면 굳이 집에서 모시며 갈등을 빚을 게 아니라 요양 병원 같은 곳으로 부모님을 모시는 것도 갈등을 줄이는 방안이다. 물론 이때도 금전적인 책임은 모든 형제가 형평에 맞게 나눠서 지도록 가족회의를 통해 합의해야 한다.

부모의 입김에서 벗어나려면 경제적·심리적 독립부터 하라

고부 갈등은 남남이었던 시어머니와 며느리가 서로를 가족으로 받아들이고 적응해가는 과정에서 일어나는 자연스러운 현상이다. 사랑해서 결혼한 부부 사이에도 갈등이 있는데, 하물며 사랑이 전제되어 있지 않은 시어머니와 며느리의 관계는 더 어려울 수밖에 없다. 문제는 고부 갈등을 방치하여 악화가 되면 심각한 부부 싸움이나 또 다른 가족 문제로 발전할 수 있다는 점이다.

고부 갈등은 방치해서도 안 되고 어느 한쪽 편을 들어서도 안 되며, 중재를 잘못하면 심각한 역효과가 나기 때문에 신중을 기해야 한다. 고부 갈등 때문에 부부 관계마저 위협받는 상황이라면 부부가 나름대

부모님 친구 대접하기

세상의 모든 부모에게 있어서 자식을 자랑하고 싶은 마음은 참을 수 없는 유혹이다. 우리 부모님에게 좋은 친구가 되어주시는 분들께 식사 한 끼 대접하는 자리를 마련해보자. 굳이 그럴 필요 없다고, 왜 그런 데 돈을 쓰느냐며 말리는 부모님도 계시겠지만, 자식이 부모님의 친구분들에게 소박한 식사 한 끼를 대접하는 것은 두고두고 부모님의 자랑거리가 될 것이다.

로 규칙을 정하고, 필요하다면 아들이 부모님께 독립을 선언하는 것도 해결책 중 하나이다. 물론 이때는 부드럽고 완곡하게, 최대한 부모님의 노여움을 줄일 수 있는 방법을 연구해야 한다.

그러나 부모님의 마음을 조금도 서운하게 하지 않고 독립을 선언하는 방법은 없다. 또 부모님의 경제적 지원을 비롯해 자녀 양육이나 가사에 대한 도움은 받으면서 자식으로서의 도리는 소홀히 한다면 이는 결코 용인받을 수 없다. 그러므로 부부가 부모의 입김으로부터 완전히 벗어나 독립된 가정을 이루기 위해서는 경제적·심리적으로도 독립해야 한다.

부부의 노후 준비, 30대부터 시작하라

　방송 녹화를 마친 뒤 저녁 약속 때까지 시간이 남아 광화문에 있는 한 이발소에서 이발을 하며 시간을 보낸 적이 있다. 벌써 몇 년 전 얘기이지만, 서울 한복판의 대로변에 이런 데가 있을까 싶을 만큼 작고 허름한 이발소였다. 이발소의 모습은 20~30년 전의 아련한 추억을 떠올리게 하기에 충분했다. 머리는 손님이 직접 감아야 했지만 광화문 한가운데에서 5000원을 주고 이발을 했으니 참 드문 경험이었다.
　광화문에서 10여 년간 이발소를 해왔다는 예순둘의 할아버지는 자식들 다 결혼시키고 지금은 혼자서 이발소를 운영하고 있었다. 손님이 붐비는 날이면 점심 먹을 새도 없이 바빠서 힘에 부치기도 하지만, 저녁이면 할머니가 와서 수건을 빨고 청소도 한 뒤 할아버지와 같이 퇴근한다고 했다. 하지만 할머니는 이제 와서 돈을 벌면 얼마나 더 번다고 그러느냐, 이발소를 정리하고 둘이서 여행이나 다니면서 맛있는 것도 사 먹고 즐겁게 살자며 성화라고 했다.

나는 아침이나 저녁 영업시간을 줄이고 주 5일제로 일하면 어떠시겠느냐고 권해보았다. 물론 아직은 충분히 일할 수 있는 연세이지만 할머니와의 오붓한 시간도 중요하다고 주제넘은 의견을 전하면서 나의 노후를 떠올려보았다.

평균수명이 계속 늘어나 여성은 83세, 남성은 76세를 넘기는 세상이니 노후 대책은 매우 중요한 숙제일 수밖에 없다. 어른들은 나이가 들수록 어떻게 사느냐보다 어떻게 죽느냐가 중요하다고 하는데, 죽음에 가까이 다가갈수록 자기 손으로 할 수 있는 일이 많지 않으니 생존은 곧 존엄의 문제이기도 하다.

그러나 이제는 자식들이 부모의 노후를 책임져줄 것이라고 기대하기는 어려운 세상이 되었다. 국가도 아직 이 문제를 해결해줄 준비가 안 되었으니 결국은 부부가 스스로 준비할 수밖에 없다. 이런 생각을 하면 벌써부터 불안해진다. '정년'의 개념은 사라진 지 오래인 데다 두 사람이 어떤 병에 걸릴지, 언제 세상을 떠날지 알 수 없으니 노후 대책의 기준조차 모호하다. 그렇다면 어떻게 해야 아름답고 행복한 노년을 맞이할 수 있을까.

30대부터 60세 이후의 노후를 그려라

'노후에 따뜻하게 지내려면 젊은 시절에 난로를 만들어놓아야 한다'는 독일 속담은 그야말로 진리이다. 잘 살기 위한 노력의 결승점은 잘 늙기 위한 것이라고 해도 과언이 아니다. 아직은 내 집 마련이나 자녀 교육 때문에 경황이 없고 밖에서도 그저 일하느라 정신없이 지내고 있을 시기이지만, 아이들 공부 다 시키고 시집 장가 보낸 뒤 그제야 노후를 걱정하면 때는 너무 늦다. 연금이나 치매 보험만 해도 일찍 들수록 유리하다.

'내 나이 이제 30~40인데 벌써 무슨 노후 준비를……' 하며 긴장을 늦추었다가는 분명 아차 싶은 순간이 온다. 닥치는 대로 열심히 살다 보면 어떻게든 살아질 것이라는 막연한 기대를 접고, 60세 이후 나는 어디서 어떤 모습으로 살고 있을지 떠올려보며 행복한 노후를 위한 적극적인 노력과 준비를 해야 한다.

행복한 노후를 위해서는 무엇보다 건강과 돈이 필수적이다. 노후에는 이렇다 할 수입이 없는 상태에서 20~30년간 지출을 해야 하기 때문에 미리미리 준비하지 않으면 자식들에게 손을 벌릴 수밖에 없는 상황에 처하게 된다. 하지만 자식들이 부모를 봉양하는 데는 한계가 있게 마련이다. 웬만큼 여유가 있지 않고서는 부모에게 필요한 생활비와 용돈을 넉넉히 대기 힘든 것이 보통이다. 무엇보다 최소한의 생계비는 비축해두어야 비참한 기분을 면할 수 있다. 노후 대비를 30~40대에 시작해야 하는 이유는 바로 이 때문이다. 경제활동을 하고 있을 때 절약하고 저축하여 노후를 대비해두어야 한다.

그러나 건강을 잃으면 돈이 아무리 많아도 아무 소용이 없다. 물론 노년기에는 20~30대 젊은이 같은 건강을 기대할 수는 없겠지만 자기 다리로 걸을 수 있고, 자기 눈으로 보고, 자기 귀로 듣고, 자기 치아로 씹을 수 있으면 괜찮은 건강이다. 게다가 큰 불편 없이 잘 자고, 스스로 옷을 갈아입거나 목욕할 수 있고 용변도 볼 수 있으면 감사하며 살 일이다. 하지만 이 정도의 건강을 유지하기 위해서는 젊어서부터 꾸준한 운동과 건강검진이 필수적이다. 30~40대부터 '생애전환기 건강검진'을 지속적으로 받으며 자신의 건강과 체력에 맞는 운동을 꾸준히 해주어야 행복한 노년을 누릴 수 있다.

부부 둘만의 시간을 미리 연습하라

자식들이 제 짝을 만나 결혼하면 빈 둥지에는 노부부만 덩그러니 남게 된다. 시시때때로 자식과 손자, 손녀가 오가겠지만 남겨진 20~30년의 삶은 부부 두 사람만의 것이다. 그러니 부부가 서로 믿고 의지해야만 행복한 노년을 약속할 수 있다. '이 복 저 복 해도 처복이 제일이요, 이 방 저 방 해도 서방이 제일'이라고 하지 않던가. 가슴 뜨거운 열정은 사라진 지 오래이지만 30~40년을 함께 살면서 이루어낸 '편안함'은 그 누구도, 그 어떤 것도 대신할 수 없는 자산이다. 따라서 부부가 함께 행복한 노년을 맞이하기 위해서는 평소 일상의 즐거움을 함께 나누어야 하며, 설령 그 동안 엇박자를 많이 냈다 하더라도 두 사람의 주파수를 이제 서서히 상대방에게 맞춰 조율해야 한다.

노부부가 손잡고 다정하게 산책하는 모습을 모두가 부러워하지만 이 사소한 장면조차 오랜 시간의 노력 없이는 만들 수 없는 것이다. 그 평화로운 장면 하나를 얻기 위해 오늘 우리 부부가 무엇을 함께 할 것인가를 고민하지 않는다면 그것은 한낱 소망으로 그칠 수밖에 없다. 가족을 잊은 채, 남편과 아내를 잊은 채 일이나 술에 빠져 살거나 자식 중심으로 살아왔다면 지금 당장 삶의 태도를 바꾸어야 한다. 부부 둘만의 시간을 만들어 대화하고 함께 지내는 연습을 미리미리 해두어야 편안하게 서로를 다독여주는 평생의 친구를 만들 수 있다.

비슷한 시대에 태어나 많은 추억을 공유하고 있는 형제자매와의 관계 역시 나이가 들수록 중요하다. 특히 동성의 형제자매는 노후의 소외감과 고독을 이겨낼 수 있는 좋은 자산이므로 평소에 관심을 갖고 정성을 들이도록 한다.

부부의 노후를 위해 자식과의 '거리'를 합의하라

'어리석은 늙은이 시리즈'가 있다. 나이 들어 집 늘리는 늙은이, 전 재산을 자식에게 물려주고 용돈 타 쓰는 늙은이, 손자 봐주고 허리 아프다고 하는 늙은이, 사소한 일로 싸우고 친구와 등 돌리는 늙은이, 놀다가 영감 밥 차려준다고 달려가는 늙은이가 가장 어리석다는 내용이다. 아내와 나는 적어도 그런 노인네는 되지 말자고 다짐하면서도 자식 일만은 장담하기 어렵다는 생각이 들 때가 있다. 부모의 마음이란 항상 자식을 향해 열려 있다 보니 자식이 부모의 도움을 필요로 할 때 최선을 다해 도움을 줘야 할지, 아니면 자식을 위해 그 마음을 자제해야 할지를 객관적으로 판단하기가 쉽지 않은 까닭이다.

내가 주고 싶은 것을, 내가 주고 싶을 때, 내 방식대로 일방적으로 베푸는 것은 자식의 생존 능력을 빼앗는 행동이라고 할 수 있다. '다 너를 위해서'라는 명분으로 청하지도 않은 충고를 하고 개입을 하면서 지나치게 간섭하거나 자식을 조종(?)하고 경쟁시키는 부모는 곤란하다. 현명한 부모라면 장성해가는 자식과 '아름다운 거리'를 유지할 줄 알아야 한다.

특히 자식이 스무 살을 넘어서면 어엿한 성인 대 성인으로서 상호 도움을 주고받을 수 있는 관계로 전환해야 한다. 그것이 행여라도 노후에 발생할 수 있는 자식과의 갈등을 줄이는 방법이다. 자식을 키우고 가르치고 독립시키는 데 부부의 합의와 일관성이 필요한 것은 이 때문이다.

자녀에게 '부모 대하는 법'을 보여주어라

손자, 손녀가 생겨 진짜 할아버지, 할머니가 되면 처음 부모가 되었을 때와는 다른 기쁨과 즐거움으로 삶의 활력을 되찾을 수 있다. 내 주변에는 "손자, 손녀가 이렇게 예쁜 줄 알았으면 자식 낳지 말고 손자부터 낳을 걸 그랬다"고 너스레를 떠는 사람이 있을 정도이다. 조부모는 특별한 권력은 없지만 자라나는 손자, 손녀들에게 삶의 지혜를 전해주고 가정의 평화와 결속을 다지는 세대 통합의 주인공이 되어야 한다.

하지만 할아버지, 할머니가 되었다고 해서 저절로 지혜가 생기고 집안의 어른이 되는 것은 아니다. 무엇보다 며느리나 딸과 사이가 좋아야 손자, 손녀와도 원만한 관계를 유지할 수 있다. 자녀가 어릴 때부터 부모와 원만하게 지내는 모습을 보여주어 자녀 스스로 조부모의 존재나 역할을 인지할 수 있도록 해주는 것이 가장 좋다. 아직 먼 일로만 생각하고 오만하게 생활하다 보면 자신 역시 언젠가는 가족에게 소외될 수 있음을 명심해야 한다.

노후 준비는 배우자를 사랑하고 부모를 이해하는 방법

자식들이 결혼을 하면 부모로서의 역할도 줄고, 은퇴를 하게 되면 직업인으로서의 역할도 줄면서 인간관계의 폭이 급격하게 좁아진다. 등산도 하루 이틀이고 낚시나 바둑도 한두 달이지 24시간이 여가 시간인 노인들로서는 남아도는 시간이 무료하기만 하다. 그렇기 때문에 노후에는 꼭 돈을 버는 일이 아니더라도 누군가에게 도움을 줄 수 있는 역할이 필요하다.

일에 치여 사는 현대인들은 젊을 때 돈을 많이 벌어서 은퇴하면 하고 싶은 일들을 해야겠다고 말한다. 하지만 나이 든 뒤에 갑자기 소일거리를 찾기란 쉬운 일이 아니다. 하고 싶은 일이 있다면 지금부터라도 시간을 쪼개 그 일을 즐기면서 서서히 노후의 소일거리로 전환하는 것이 좋다. 그 일이 자신의 직업과 연관되어 있다면 더욱 바람직하고, 돈까지 벌 수 있는 일이라면 금상첨화다. 나아가 부부가 함께 할 수 있는 일이라면 그것 또한 바람직한 노후 준비라 할 수 있다.

노후 준비는 마음의 준비도 겸해야 한다. 많은 사람들이 늙고 병드는 것을 두려워하지만 노화 자체는 피할 수 없는 일이니, 자연스럽게 받아들이고 희망적으로 설계하는 것이 좋다. 20대 청춘으로 다시 돌아간다면 무엇을 제일 하고 싶으냐고 묻는 사람이 있는데, 난 그다지 젊은이들이 부럽지 않다. 20대로 다시 돌아가는 것이 가능한 일도 아니거니와 50대인 내가 오히려 기득권자가 아닌가 하는 자부심이 있기 때문이다. 결혼해서 가정도 있고 아내와 아이들과의 관계도 원만하며, 아직도 '내 일'을 가지고 즐겁게 살고 있으니 부러울 게 없다.

요즘은 의학이 발달하고 영양 상태도 좋아져서 젊은이 못지않은 열정과 도전 정신으로 살아가는 노인도 많다. 64세까지를 '연소 노인'이라고 하고 65~74세를 중고령 노인, 75세가 넘어야 '고령 노인'이라고 얘기하는 요즘, 이제 60대는 노인으로 보기 힘든 세상이 되었다. 나이가 많은 것을 무슨 벼슬처럼 내세우지 않고, 젊은 사람들의 얘기를 경청하고 자신의 잘못을 시인할 줄 아는 어른이 된다면 젊은이들도 기꺼이 어른 대접을 해줄 것이다.

부부가 함께 건강하게 늙어가며 서로를 의지할 수 있다면 무엇을 더 바라겠는가. 다른 사람에게 시간이나 관심을 구걸하지 않고 부부 두 사람이 서로 감사와 웃음을 잃지 않는다면 인생에서 가장 자유롭고 여유로운 노년기를 보낼 수 있을 것이다.

 노후를 생각하고 준비하는 것은 자신과 배우자를 위한 것인 동시에 지금 연로하신 부모님을 좀 더 가깝게 이해할 수 있는 방법이기도 하다. 그들의 모습은 우리가 걸어가야 할 미래의 우리 모습이기 때문이다. 독불장군처럼 살아가는 사람들에게 노인들은 "너는 안 늙을 것 같으냐?"고 나무란다. 지금의 나를 있는 그대로 바라볼 줄 아는 겸손과 기운도, 기억력도 쇠약해졌을 때의 나를 대비하는 지혜를 동시에 갖고 있다면 아름답게 늙고 잘 죽는 것은 그리 어려운 일이 아닐 것이다.

4장

부부가 함께 배워야 할
자녀 사랑의 지혜

자녀 교육,
부부가 한 방향을 바라보라

요즘은 재력과 학력, 체력만이 아니라 '부모력'이 있어야 성공할 수 있는 시대라고 한다. 하지만 부모는 자신이 선택할 수 있는 것이 아니다. 훌륭한 부모를 만나는 것은 둘도 없는 축복이며 최고의 자산을 얻은 것과 다를 바 없지만, 자격이 부족하거나 건전한 교육관을 정립하지 못한 부모 밑에서 자라는 자녀는 부정적인 영향을 받을 수밖에 없다.

한 인간이 성장하여 사회인으로 활동하기까지 부모의 영향력은 절대적이다. 자녀에게 있어 집은 최초의 학교이고 부모는 최초의 선생님이라 할 수 있다. 그렇기 때문에 자녀의 양육 환경이라는 관점에서 보면 어떤 부모를 만나느냐가 성공과 실패를 가르는 지표가 되는 셈이다.

나도 어느덧 스물아홉 살과 스물여섯 살, 두 아이의 아버지가 되었지만 과연 좋은 부모란 어떤 부모일까 고민할 때가 많다. 대부분의 부모들처럼 나 역시 별다른 교육이나 훈련도 없이 부모가 되었다. 그렇다 보니 부모 노릇을 제대로 배우고 아이들을 낳았다면 많은 시행착오를 줄일 수 있었을 텐데 하는 아쉬움이 남는다.

교사나 의사, 변호사, 약사 같은 전문직은 오랜 기간 동안 전공 수업을 받고 실습을 거쳐야 자격증을 취득할 수 있다. 그런데 자녀를 낳고 키우고 교육해서 한 사람의 인격체로 성장시켜야 하는 부모라는 중대한 역할에는 그런 제도가 없다. 그러니 자신이 부모의 자격을 갖추었는지 검증하기도 어렵고, 부모 역할을 잘하고 있는 것인지 확인할 길도 없다. 그저 기를 쓰고 열심히 수행할 뿐, 그 결과는 30년쯤 뒤에나 평가받는 것이 보통이다.

무엇보다 어려운 건 부모 노릇은 도중에 그만둘 수가 없다는 것이다. 교수나 의사, 장관은 자신이 하기 싫으면 중간에 그만둘 수 있지만 부모 역할은 어렵고 힘들다고 해서 포기할 수 있는 일이 아니다. 게다가 부모 역할은 언제 끝나는지에 대한 명확한 기준도 없다. 그리고 부모가 큰 잘못이나 실수를 저질렀을 때 자녀들의 삶에 그대로 영향을 미친다. '인생은 생방송'이란 노래처럼 부모 역할이야말로 NG

가 있어서는 안 되는 생방송인 것이다.

우리 부부의 자녀 교육 목표 세 가지

자녀 교육에 대해 강의를 하면서 "자식을 잘 키우는 것은 과연 어떤 것이라고 생각하느냐?"는 질문을 자주 한다. 그런데 그렇게 질문하는 분은 어떻게 생각하느냐고 되묻는 사람이 가끔 있다. 그러면 나는 우리 부부의 자녀 교육 목표 세 가지를 들려준다.

우리 부부의 자녀 교육 목표 세 가지
1. 성인이 되었을 때 부모에게 의지하거나 손 벌리지 않고 자기가 원하는 삶을 스스로 꾸려갈 수 있도록 독립심 길러주기
2. 누구와도 잘 어울려 살 수 있는 원만한 성격으로 키우기
3. 아이들이 정말 하고 싶어 하고, 남들보다 잘할 수 있는 일 찾아주기

나와 아내는 이 세 가지 목표를 아이들이 아주 어릴 때부터 정해두고 수시로 되새기며 살아왔다. 우리 부부가 이 세 가지만 해낸다면 '시내'와 '바다', 두 녀석을 100점이 아니라 200점, 300점짜리로 키우는 것이라고 믿기 때문이다.

'자식이 어떤 직업을 갖고 있느냐'로 부모 역할의 성공을 얘기하는 사람도 많다. 하지만 나는 우리 아이들이 진정으로 행복하게 살 수 있다면 어떤 직업을 가져도 좋고, 그것이 사회적으로 성공한 삶이 아니

어도 좋다고 생각한다.

아내는 아이들을 수영장이나 스케이트장에 보낼 때마다 강사에게 늘 한 가지만 부탁했다. 우리 아이들을 선수로 만들기 위해서 보내는 것이 아니니, 아이들이 수영장이나 스케이트장에 다시 가고 싶어 한다면 더 바랄 게 없다는 것이었다. 그럴 때마다 강사들은 의외라며 놀라워했다. 대부분의 부모가 '이번 달에는 몇 미터, 몇 개월 안으로 몇 미터', 이런 식으로 주문을 한다는 것이었다.

피아노만 해도 그렇다. 많은 부모들이 아이들에게 피아노를 필수 과목처럼 가르치지만, 그 목적이 피아니스트를 만들려는 것인지, 피아노 강사로 키우려는 것인지, 아니면 음악을 즐길 줄 아는 교양인으로 키우려는 것인지는 분명하지 않은 것 같다. 오로지 다른 아이들보다 진도가 빨랐으면 좋겠다거나 이번 학기 안에 어떤 과정을 끝냈으면 좋겠다는 생각에만 마음이 매여 아이가 피아노를 좋아하고 재미있어하는지, 재능이 있는지는 섬세하게 살피지 않는다. 그러니 몇 달 다니다 흐지부지되거나, 음악 실기 시험이 있을 때 "그러니까 왜 열심히 안 했느냐"며 아이를 나무라는 것이다. 아이들에게 예능 교육이나 공부를 시킬 때도 목적이 분명해야 오류에 빠지지 않는다.

마찬가지로 자녀 교육이라는 큰 그림을 그릴 때도 명확하고 구체적인 목표가 없으면 자식을 훌륭하게 키우기 어렵다. 부모에 따라 돈 잘 버는 자식으로 키우기, '사'자 들어가는 직업을 가진 사람에게 딸 시집보내기, 평생의 나침반이 될 신앙심 심어주기, 봉사를 실천하며 사는 사람으로 키우기, 세계 평화에 이바지할 수 있는 글로벌 마인드 심어주기 등 자녀 교육의 목표는 다 다를 수 있다. 또는 공부 잘하고 말 잘 듣는 아이로 키우는 것이 부모의 소망일 수도 있다.

하지만 그 목표가 20~30년 후에도 우리 아이의 행복에 도움이 되는 것인지는 따져보아야 한다. 자칫 잘못하면 공부 잘하고 말은 잘 듣지만 집안 살림이라곤 전혀 몰라 시어머니의 구박에 시달리는 딸이나 자기 일은 곧잘 하지만 다른 사람을 통솔하는 리더십이 부족해 조직에서 밀려나는 아들이 될 수도 있다.

자녀 교육 방식에 부부 공동 내비게이션을 달아라

자녀 교육에 대한 명확한 목표가 수립되면 교육 방식에서도 부부가 노선을 통일할 필요가 있다. 그래야만 자녀를 키우고 가르치는 과정에서 발생할 수 있는 갈등과 불화를 줄일 수 있기 때문이다. 자동차에는 도로가 있고 비행기에는 항로가 있어서 그 도로나 항로를 벗어나면 큰 사고로 이어질 수 있다. 내비게이션에 행선지를 찍으면 내가 아는 것과 다른 경로를 알려주는 경우가 있는데, 목적지에 도착하는 가장 효과적인 경로를 찾을 수 있다면 불필요한 에너지 낭비를 막을 수 있다.

목표를 정하고 그 목표에 부부가 합의했다고 하더라도 목표에 도달하는 방법에 차이가 있어 다투는 경우가 많다. 실제로 상담실을 찾는 가족 중에 자녀 교육에 대한 부부의 생각이 달라 별거까지 하는 사례도 있었다.

아내는 아이들을 일류대에 보내는 것이 목표인 반면, 남편은 아이들을 되도록 자유분방하게 키우자는 쪽이었다. 중학교 교사인 남편은 어릴 때부터 천재니 수재니 하는 얘기를 들으며 두각을 드러냈고 남들이 다 부러워하는 S대까지 나왔지만, 그게 행복한 삶으로 직결되는 것은 아니라는 생각이 확고했다. 그러나 아내는 일류대를 나와 유학까지 갔다 와서 부유하게 살고 있는 친구 남편들의 예를 들며 어쨌거나 학교는 좋은 데를 나와야 한다고 주장했다.

이들 부부는 자녀 교육에 대한 엇갈린 의견 때문에 하루가 멀다 하고 부부 싸움을 했다. 남편은 교사 월급이 많은 편은 아니지만 쪼들릴 정도는 아니라고 주장했고, 아내는 이 월급으로는 아이들에게 과외도 못 시킨다고 언성을 높였다. 급기야는 아내가 과외비라도 벌어야겠다며 아들과 함께 방을 얻어 나가버렸다. 두 사람이 별거까지 한 데는 물론 다른 요인들도 있었지만, 이처럼 자녀 교육에 대한 생각과 가치관이 달라 싸우는 부부는 생각보다 많다.

우리 부부 역시 초기에는 자녀 교육에 대한 생각이 달라서 종종 다투곤 했다. 하지만 큰 방향에 대해서는 항상 상의하고 조절하여 아이들에게 분열된 모습을 보이지 않으려고 노력했다.

아이들이 둘 다 초등학교에 다니던 무렵, 아내는 일을 하고 싶어 했다. 아이들도 어느 정도 컸으니 이제 자기 일을 갖고 싶다는 것이었다. 나는 아내에게 '일을 하려는 가장 큰 이유가 뭔지' 같이 생각해보자고 했다. 경제적인 이유 때문이 아니라면 아이들이 아직도 엄마의 손길을 필요로 하는 저학년이니 시기를 조절해보자고 양해를 구했다. 다행히 아내는 내 의견을 따라주었다. 지금 생각하면 아이들 키우는 일에 전념한 것이 '크게 남는 장사'가 아니었나 싶어 다행이다.

자녀에게 일관성 있는 부모의 모습을 보여주어라

지금은 스물여섯 살의 의젓한 청년이 된 우리 '바다'도 고등학생 때 게임에 빠져 우리 부부를 힘들게 한 적이 있다. 나는 바다에게 컴퓨터 사용 일지를 쓰게 하는 것으로 게임 시간을 통제해보려 했다. 하지만 철석같이 약속해놓고도 녀석은 얼마 지나지 않아 그 약속을 어겼고, 나무라는 내게 반성하는 기색도 없이 대들었다. 평소 아들에게 체벌을 하지 않겠다는 생각을 가지고 있었지만 그때만큼은 단호하게 매를 들었다.

내 딴에는 감정적으로 대하지 않겠다는 결심을 다지며 체육사에 들러 야구방망이를 하나 샀다. "몇 대 맞을래?" 이렇게 묻는 것만으로도 바다에게 반성의 기회를 줄 수 있을 것이라는 계산이었다. 아들은 반성을 한 것인지, 오기를 부리는 것인지 덤덤히 매를 맞았다. 그날 피멍이 든 아들의 엉덩이에 연고를 발라주며 아내는 참 많이 울었다. 그 뒤로 아들 녀석은 게임을 많이 줄였는데, 그 이유가 아빠의 매보다 그때 엄마가 흘린 눈물에 마음을 움직인 게 아닌가 싶은 생각이 든다.

아들의 나쁜 버릇을 고쳐주겠다고 든 매였지만 야구방망이로 엉덩이를 때린 것은 지금도 가끔 후회가 된다. 체벌은 교육적으로 거의 효과가 없다는 것을 알기 때문이다. 매 맞는 아들을 지켜보는 마음이 괴로웠을 텐데 잘 참아준 아내가 더없이 고맙다. 더러는 아이를 혼내는 아빠를 엄마가 비난하고 원망하거나 무조건 아이를 감싸고돌고, 혹은 아이와 연합해 아빠를 심리적으로 고립시켜 일을 그르치는 경우를 많이 봐온 까닭이다.

이렇게 체벌 외에도 조기교육, 학원, 학과나 진로 선택, 생활 습관, 용돈의 액수나 지출 범위 등 자녀 교육에 대한 의견 차이 때문에 갈등을 겪는 부부가 의외로 많다. 자녀 교육에 대한 부부의 생각이 처음부터 똑같을 수는 없다. 하지만 자녀 교육에 성공하기 위해서는 부부가 끊임없이 상의하고 의견 차를 좁히면서 노선을 통일해나가야 하며, 자녀에게 일관성 있는 부모의 모습을 보여줘야 한다.

부부가 자녀의 공부보다 먼저 생각해야 할 것들

　방학 때만 되면 신문 사이에 끼워져 날아드는 각종 학원과 과외 광고 전단이 처치 곤란한 수준이다. 지금은 펼쳐보지도 않고 분리수거함에 던져버리지만 우리 부부 역시 아이들이 어릴 때는 관심을 가지고 펼쳐보곤 했다. 하지만 학원의 장삿속과 부모의 불안이 만들어낸 음모 속에서 멍들어가고 있는 아이들을 생각하면 지금도 남의 일 같지가 않다.
　가정의 경제적인 형편은 고려하지 않고 오로지 자녀의 공부에 모든 것을 거는 듯한 부모들을 보고 있노라면 자녀 교육을 일종의 가족 사업쯤으로 여기고 있는 것이 아닌가 하는 느낌이 들곤 한다. 유치원 수업료가 대학교 등록금보다 비싸다거나 아이의 영어 발음을 위해 혀 수술을 해준다는 보도를 접할 때면 그저 할 말을 잃을 뿐이다. 자기 자식이 공부를 잘해서 좋은 대학에 들어가는 것을 마다할 부모는 없겠지만, 그것이 자식의 행복을 보장해주는 것이 아님을 상담 현장에서 절감하고 있기 때문이다.

"우리 아내가 일류대를 안 나와서 난 도저히 못 살겠다."
"우리 남편이 영어를 잘 못해서 너무 창피하다. 이혼해야겠다."

이런 사례는 아직 한 번도 접해보지 못했다. 공부나 성적, 영어나 유학도 좋지만 자녀의 20~30년 후를 생각하며 정말 중요한 것이 무엇인지 자문해보아야 한다. 그럼 자녀들의 행복에 직결되는, 정말 중요한 것들에는 어떤 것이 있을까?

건강과 안전이 먼저이다

20~30년 후 자녀의 성공과 행복을 위해서는 뭐니 뭐니 해도 안전과 건강을 최우선시해야 한다. 의학이 발달하고 생활환경이 개선되면서 질병으로 사망하는 경우는 줄었지만, 각종 사고로 장애를 짊어지거나 목숨을 잃는 사례는 오히려 크게 늘었다. '우리 아이만은 별일 없겠지' 하는 안일한 생각이 불행한 사고를 불러들이기 때문이다.

"차 조심하고 가스 불 조심하라"는 말만으로 사고를 막을 수는 없다. 불의의 사고를 예방하기 위해서는 부모가 먼저 안전에 대한 경각

심과 지식을 가지고 끊임없이 교육하고 훈련시켜야 한다. 한 TV 프로그램에서 보여준 실험 결과처럼 낯선 사람을 따라가서는 절대로 안 된다고 그렇게 교육을 시켰건만 엄마가 기다리고 있다는 말 한마디에 모르는 사람을 따라가는 것이 아이들이다.

비단 유괴나 성폭력뿐만 아니라 가장 안전하다고 믿는 가정에서의 사고도 잦다. 주방이나 욕실, 발코니에서도 날마다 화상이나 질식, 추락 등의 끔찍한 사고가 발생한다. 학교에서의 안전사고도 90%가 부주의로 일어나는데, 친구끼리 심한 장난을 치다가 책상 모서리에 머리를 찧기도 하고 복도나 계단에서 뛰다가 넘어져 큰 부상을 당하는 경우도 많다. 그런가 하면 아파트 옥상이나 공사장, 지하 주차장, 차들이 많이 다니는 골목길 등 어디나 안전사고의 위험이 도사리고 있다. 자전거나 인라인스케이트, 킥보드를 타다가 다치거나 장난감 총에 맞아서 실명하는 일도 흔하게 벌어진다. 엘리베이터나 회전문, 에스컬레이터 등 공공장소에서의 사고 또한 적지 않다.

특히 10세 미만의 어린아이들은 아직 주변에서 벌어지는 위험을 잘 감지하지 못할 뿐만 아니라 위험으로부터 몸을 순발력 있게 피하거나 균형을 잡는 능력이 부족하다. 그렇기 때문에 부모는 수시로 안전사고 예방에 대한 교육을 실시하여 위험 요소로부터 아이를 보호해야 한다.

돈 쓰는 법, 제대로 가르치기

딸 넷을 둔 끝에 귀하디귀한 아들을 얻은 부부가 있었다. 그런데 그 아들을 그저 '오냐오냐' 키우면서 사달라는 것 다 사준 결과는 참담했다. 성장기 내내 애 노릇만 하던 아들은 대학에 들어가서도 공부는 안 하고 등록금을 술값으로 탕진했으며, 카드 빚을 감당할 수 없을 만큼 크게 져서 결국 신용 불량자가 되었다. 그러나 이런 일이 있을 때마다 부모가 나서서 다 처리해주니 본인 스스로 해결하려고 노력할 필요가 없었다. 결혼하고 한 집안의 가장이 된 뒤에도 아들은 달라지지 않았다. 힘든 일은 절대 안 하려 하고, 생활비가 없어도 자기 몸에 걸칠 것들은 최고급 명품만 고집하더니, 나중에는 부모의 집을 담보로 대출까지 받았다. 그러다 그 돈을 갚을 길이 없자 결국은 부모의 마지막 남은 집 한 채마저 날려버렸다. 원하는 것과 필요한 것을 가릴 줄 아는 지혜와 돈 쓰는 법을 제대로 가르치지 않아 부모와 자식이 모두 불행해진 사례이다.

자녀는 부모의 소비 습관을 그대로 닮는다. 그렇기 때문에 자녀에게 소비와 돈에 대한 개념을 심어주고자 한다면 먼저 부모 자신의 소비 행태를 돌아볼 필요가 있다. 비싼 물건을 충동적으로 사거나 너무 자주 외식을 하지는 않는지, 필요 이상으로 장을 봤다가 음식을 버리지는 않는지, 멀쩡한 물건을 버리고 새것을 또 사는 경향은 없는지 반성해야 한다.

자녀가 초등학교 1학년쯤 되면 용돈 관리를 통해 돈을 가르칠 기회가 온다. 용돈의 액수와 사용 범위는 집안 형편이나 연령에 따라 다르겠지만, 자녀 스스로 용돈 기입장을 쓰게 하고 부모가 점검하는 과정을 통해 바람직한 소비 습관을 심어주어야 한다. 이때는 당연히 해야 할 집안일이나 심부름의 대가로 돈을 주는 일은 삼가야 한다. TV 광고에 현혹되어 지나치게 많은 장난감을 사달라고 떼를 쓰는 경우나 경품으로 주는 상품에 눈이 어두워 필요하지도 않은 물건을 사고 또 사는 일이 없도록 조심해야 한다.

자녀에게 현명한 소비 습관을 심어주기 위해서는 부모가 가계부를 쓰는 모습을 보여주는 것도 좋다. 또 일찍부터 은행을 이용하고 저축하는 습관을 들이는 것도 중요하다. 그리고 어느 정도 나이가 되면 스스로 물건을 사고 돈을 지불하는 경험을 갖게 하는 것이 좋다. 이때는 용돈이나 세뱃돈을 모아 부모나 조부모, 친구나 형제자매의 생일 선물을 준비하도록 가르칠 필요가 있다. 또 대학생쯤 되면 모자라는 용돈은 아르바이트를 하여 스스로 벌도록 해야 한다. 세상에는 사고 싶은 것이 많지만 모든 것을 다 살 수는 없으며, 그 욕구를 절제하는 법을 알고 다스리지 못하면 돈의 노예, 쇼핑의 노예가 될 수 있음을 기회 있을 때마다 가르쳐야 미래의 불행을 예방할 수 있다.

자녀의 건강을 지켜주는 습관들

한국여성정책연구원이 여성 1만여 명을 대상으로 실시한 '여성 가족 패널 조사'에 따르면 부부 싸움을 하는 가장 큰 이유가 본인 또는 남편의 생활 습관 때문이라고 한다. 이 중에서도 절제 없이 먹어대는 식습관이나 몸을 움직이기 싫어하는 게으름, 무분별한 TV 시청이나 컴퓨터 사용 등은 어릴 적부터 바로잡아주지 않으면 평생을 가는 경우가 많다. 또 이런 습관은 건강과도 직결되기 때문에 반드시 어릴 때부터 올바른 생활 습관이 몸에 배도록 지도해야 한다.

특히 요즘은 미래의 흑사병이라고 불리는 어린이와 청소년의 비만이 심각한 수준이다. 한 민간단체의 조사에 따르면 우리나라 유치원생이나 초등학교 1~2학년 학생의 비만도가 미국보다 더 높다고 한다. 소아 비만은 단순히 외모상의 문제로 끝나는 것이 아니라 고혈압, 당뇨병, 고지혈증 같은 성인병까지 유발하는 일종의 질병이다. 비만은 무슨 비만이냐고, 어릴 때는 그저 잘 먹어야 쑥쑥 큰다고 예사로 생각하다가 고도 비만으로 병을 키우는 경우가 많다. 이렇게 되면 부모가 생각하던 성장과 건강 모두를 잃게 된다.

뚱뚱한 아이는 학교에서도 친구들의 놀림감이 되거나 왕따를 당하기도 하고, 열등감이나 심리적 고립감, 우울 등으로 고통받는 경우가 많다. 게다가 비만은 게으름과 무절제의 결과로 해석하는 경향이 있어 취직을 할 때 마이너스 요인으로 작용하기도 한다. 실제로 비만은 식사를 조절하고 꾸준히 운동을 하면서 생활 습관을 바꾸지 않으면 고치기 어렵다. 물론 자신의 의지만으로는 불가능한 경우도 있지만 어쨌든 비만인 사람은 자제력과 자기 관리가 부족하다는 생각이 단순한 고정관념만은 아닌 것이다.

그러나 어린아이들이 햄버거나 피자, 아이스크림, 치킨, 콜라 같은 인스턴트식품의 유혹을 뿌리치기는 쉽지 않다. 그렇기 때문에 자녀의 식단을 조절하기 위해서는 가족 모두의 식습관과 생활 습관을 점검하는 노력이 필요하다. 부모가 한밤중에 치킨과 맥주를 시켜 먹으면서 아이에겐 음식을 절제하라고 한다면 이는 말이 안 되는 소리이다. 부모가 먼저 아침 식사는 반드시 하기, TV를 보거나 게임을 하면서 간식 먹지 않기, 패스트푸드나 인스턴트식품, 탄산음료 줄이기, 외식이나 음식을 배달시켜 먹는 일 줄이기 등의 규칙을 정해두고 실천하는 모습을 보여주어야 한다. 식습관 개선은 온 가족이 함께 실천할 때 성과를 거둘 수 있는 법이다.

음식 조절과 함께 병행해야 하는 것이 운동이다. 하지만 어린 자녀가 혼자서 운동을 하게 내버려두면 효과를 거두기 어렵다. 운동이 가족 활동의 일환이 되면 더욱 바람직하다. 자녀가 좋아하는 운동 종목

가족 규칙 만들기

똑같은 일로 같은 얘기를 반복하면서 언성을 높이거나 다투는 일이 잦다면 가족 규칙을 만들어보자. 규칙이라고 해서 모든 사항을 문서화할 수도 없고 그럴 필요도 없지만, 가족회의를 통해 일상의 사소한 규칙들을 정해두면 잔소리할 일이 확 줄어들 것이다. 빨래는 반드시 빨래통에 넣기, 화장실 휴지가 떨어지면 마지막에 쓴 사람이 채워놓기, 일요일 아침에는 늦잠 자는 사람을 배려하여 오전 10시까지는 조용히 하기, TV 채널권은 요일별로 나눠 갖기 등 아주 사소하지만 목소리를 높이게 되는 모든 일에 대해 규칙을 정해둔다.

을 선정해 부모가 함께 하거나 저녁 식사 후 동네를 한 바퀴 돌며 산책하는 방법으로 운동의 긍정적인 효과를 느끼게 해주는 것이 무엇보다 중요하다.

나아가 따로 시간을 내서 운동을 시키기보다는 평소에 몸을 많이 움직일 수 있도록 생활 습관 자체를 바꿔주는 것이 좋다. 걸어서 학교에 오고 가기, 몸을 움직이는 일로 용돈 벌게 하기, 2~3층 정도는 걸어서 오르내리기 등 자녀의 연령에 맞는 다양한 활동을 제안해 꾸준히 실천하게 해야 한다. 이때는 TV 시청이나 게임 시간을 줄이는 것이 매우 중요하다. 편하게 앉아서 누릴 수 있는 즐거움에 빠지면 몸을 움직이는 것을 점점 귀찮아할 수밖에 없다. 컴퓨터 사용 일지나 식사 일지, 운동 일지 등을 작성하게 하면 아이 스스로 자기 관리 하는 법을 익히는 데 큰 도움이 될 것이다. 더불어 온 가족이 협력해서 칭찬과 격려를 적절히 해준다면 건강한 생활 습관을 만들어줄 수 있을 것이다.

책 읽는 습관 심어주기

평소에 책을 늘 가까이한 아이들은 대학 입시나 취업에서도 유리한 고지를 차지할 수 있다. 요즘 부모들이 '독서, 독서' 하는 것도 바로 이 때문이다. 하지만 좋은 책을 사주고 독서의 중요성을 강조한다고 해서 아이가 저절로 책을 읽는 것은 아니다. 아이가 책에 흥미를 붙이게 하기 위해서는 책 읽는 즐거움과 가치를 스스로 느낄 수 있도록 해주어야 한다.

  자녀에게 바람직한 독서 습관을 심어주고자 한다면 무엇보다 먼저 부모가 책 읽는 모습을 자주 보여주는 것이 좋다. 서점이나 도서관에 자주 데리고 가서 책에 대한 호기심을 키워주는 것도 도움이 된다. 이때는 학습 관련 도서나 필독서, 추천 도서 등을 강요하지 말고 자녀가 좋아하는 분야의 책부터 시작하여 관심 분야를 넓혀나가는 것이 좋다. 자녀의 독서 과정에 적극적으로 개입하여 관심을 보여주고 재미있는 독후 활동을 시도해보는 것도 좋다. 책은 읽는 것 자체로도 의미 있는 일이지만, 그 내용과 표현을 충분히 소화하여 내 것으로 받아들일 줄 알아야 진정한 독서의 힘이 살아나기 때문이다.

  그러나 부모의 욕심이 과하다 보면 자녀가 책에 질려 아예 독서를 외면하는 일이 생길 수도 있다. 중·고등학교에 진학하면 독서의 중요성은 점점 부각되는 반면, 독서에 할애할 시간은 절대적으로 부족해진다. 그렇기 때문에 초등학교 이전에 독서에 흥미를 붙일 수 있도록 지도하는 것이 무엇보다 중요하다.

  독서는 학습이나 진학 문제를 떠나 평생을 가져갈 만한 최고의 취미 활동이다. 또한 독서는 단시간 내에 풍부한 상식과 즐거움을 제공하는, 경제성 높은 오락이다. 부모가 수시로 책을 펼쳐드는 모습을 보여주는 것만으로도 자녀의 인생이 한결 풍요로워진다면 독서의 지루함을 이겨내는 것쯤은 아무것도 아니지 않은가.

자녀의 숨은 재능 찾아주기

행복은 성적순이 아니며, 반드시 공부를 잘해야만 성공하는 것도 아니다. 지금 당장은 기말고사 성적을 올리는 것이 중요하고 수능 점수 1점 더 받는 것이 중요하게 여겨지겠지만, 조금만 더 시야를 넓혀 보면 자녀의 삶을 더욱 즐겁고 뜻깊게 만들어줄 무언가를 찾을 수 있을 것이다. 공부는 못하지만 성대모사를 잘하는 아이, 요리에 흥미가 많은 아이, 옷을 세련되게 입는 아이, 애완동물을 좋아하는 아이, 친구 사귀는 데 탁월한 소질이 있는 아이, 무슨 운동이든지 다 잘하는 아이 등등, 자녀의 장점을 찾아내어 키워주는 부모야말로 자녀의 행복한 미래를 예약하는 부모라고 할 수 있다.

요즘은 음악적 지능, 신체 운동 지능, 논리 수학적 지능, 공간적 지능, 언어적 지능, 자연 탐구 지능, 자기 이해 지능, 대인 관계 지능 등 학습 능력을 측정하는 IQ가 아니라 어느 한 분야에서라도 뛰어나면 성공할 수 있다는 미국 하버드 대학교 하워드 가드너 교수의 다중지능 이론이 주목받고 있다. 사람은 누구나 각기 다른 능력을 갖고 태어나며, 그 재능을 최대화하는 것이 성공의 열쇠라는 이야기이다.

그러나 아이가 특출한 재능이 보이지 않는다고 해서 낙담할 필요는 없다. 일찍부터 그런 재능을 보이는 아이가 있는 반면, 그런 소질이 뒤늦게 나타나는 아이도 있기 때문이다. 적성검사 등을 통해 자녀의 소질을 알아보는 것도 좋지만 지나치게 검사 결과에 얽매여서는 안 된다. 검사의 종류도 다양하거니와 검사로 모든 능력을 다 알아낼 수는 없기 때문이다. 검사 결과는 어디까지나 참고 자료로 쓰는 것이 좋다.

하지만 대부분의 부모가 자녀의 진로 지도를 편협한 사고 안에서 근시안적으로 하고 있다. 수학을 잘하면 이과를 가야 하고, 국어를 잘하면 국문학과, 운동을 잘하면 체육학과를 가야 한다는 식의 고정관념에서 벗어나지 못하는 것이다. 그러나 자녀의 소질을 특정 학과나 직업으로 한정 짓는 것은 바람직하지 않다. 운동을 좋아한다고 해서 반드시 운동선수가 되어야 하는 것도 아니고, 컴퓨터에 관심이 많다고 해서 컴퓨터학과에 진학해야 하는 것은 아니다. 운동을 좋아하는 아이가 스포츠 마케팅으로 성공할 수도 있고, 컴퓨터를 좋아하는 아이가 컴퓨터디자인학과가 있는 미대로 진학할 수도 있다.

자녀가 자신의 적성에 맞는 학과에서 재능을 키우고 평생 즐겁게

이달의 이벤트 기획자

온 가족이 함께하는 외식이나 공연 관람 등은 부모가 일방적으로 결정하지 말고 가족이 돌아가면서 기획해본다. 자녀가 초등학교 고학년만 되어도 얼마든지 가능한 일이다. 가정 형편에 따라서 1인당 2만 원에서 3만 원, 특별한 달에는 1인당 5만 원 한도 내에서 가족 이벤트를 갖되, 그달의 이벤트 기획자가 예산 범위 내에서 기획하고 조사하고 예약하고 비용까지 지불하게 한다. 외식, 영화나 공연 관람, 운동 경기 관람 등 어떤 것이라도 좋다. 이벤트를 기획하고 조사하고 진행하는 과정 자체가 자녀에게는 훌륭한 공부가 되거니와, 수동적으로 참석하면서 '마음에 드네, 안 드네' 불평하는 일도 크게 줄어들 것이다.

할 수 있는 일을 찾기를 바란다면 부모가 보다 적극적으로 움직여야 한다. 물론 가장 중요한 것은 자녀 스스로 자신의 진로를 결정하는 것이다. 하지만 10대 아이들은 아직 자신의 재능을 정확하게 파악하기 어렵고, 특정 학과나 교과목이 장차 어떤 일로 연결되는지에 대한 정보도 부족하다. 따라서 부모가 보다 적극적인 자세로 자녀의 적성과 재능을 점검하고 발전 방향을 가늠하여 지도해주는 것이 무엇보다 중요하다.

어떻게 해야 내 아이가 공부를 잘할까?

마흔을 넘긴 나이에 '가족학'을 배우면서 '공부가 이렇게 재미있는 줄 진작 알았더라면 전교 수석도 했을 텐데' 하는 생각이 절로 들었다. 배우는 기쁨도 컸지만 평소에 내가 생각하고 주장해오던 것들을 학자들이 어쩜 이렇게 일목요연하게 정리해놓았을까 싶어 신기하기만 했다. 논문을 쓸 때도 너무 힘들어서 몇 번이나 포기하려고도 했던 늦공부였지만, 7년 만에 박사 과정을 끝냈을 때의 뿌듯함이란 어떻게 표현할 수가 없었다. 그 과정을 힘겹게 지켜본 아내와 어머니는 나보다 더 기뻐했다.

우리 어머니는 막내아들을 S대에 한번 보내보겠다고 벼르며 연고도 없는 서울로 올라온 열성 학부모였다. 그때 나는 초등학교 4학년이었다. 시골에서는 늘 '크게 될 녀석'이라는 칭찬을 듣고 자랐고, 초등학교부터 고등학교까지 줄곧 전교 회장을 할 만큼 공부도 꽤 잘했다. 하지만 나는 어머니가 그렇게 원하시던 S대에는 진학하지 못했다. 고등학교 때 유신 반대 데모 주동자로 경찰에 쫓겨 다니면서 1년을 유급한 것도 영향을 미쳤다.

게다가 아버지가 돌아가신 후 해인사와 화엄사로 두 번씩이나 출가(?) 아닌 가출을 하면서 대학 입시에서도 쓴잔을 마셔야만 했다. 재수를 하던 나는 굳이 좋은 대학을 나와야만 성공할 수 있는 것은 아니라는 생각과 형님의 권유로 취직을 선택했다. 하지만 그렇게 직장 생활을 하고, 군대를 다녀오고, 다시 복직을 한 뒤에도 공부는 늘 마음의 짐이었다. 최선을 다해 일한 결과 관리자가 되었지만, 고졸 학력으로 나보다 더 많이 배우고 나이도 많은 직원들을 통솔할 자격이 있는 것일까 늘 고민이었다.

고민을 거듭하던 나는 결국 사직서를 내고 아내와 두 아이를 데리고 영국으로 출판 공부를 하러 떠났다. 하지만 공부를 다 마치지 못한 채 (주)대교출판의 사장으로 취임했고, 다시 모회사인 (주)대교로 발령을 받아 대표이사직을 맡게 되었다. 그룹 회장의 배려로 회사에 다니면서 대학원을 졸업할 수 있었던 것은 나에겐 너무나 큰 행운이었다.

회사를 그만두고 가정경영연구소를 설립한 뒤에 시작한 박사 과정은 학문의 길이 얼마나 힘들고 가치 있는 길인지를 절감하게 했다. 공부에 대한 나의 열정은 학력에 대한 열등감에서 시작된 것이었지만, 배움에 대한 열망이야말로 내 성장의 원동력이 되어준 셈이다. 이제는 직업 특성상 평생을 공부하지 않으면 안 되는 입장이 되었지만, 책상에 앉아 책을 읽는 것이 행복하기만 하니 나는 복이 많은 사람임에 틀림없다.

하지만 한창 공부해야 할 10대 아이들에겐 공부만큼 지겹고 어려운 일은 없을 것이다. 아이와 부모 모두 공부를 잘하는 것이 한결같은 소망이겠지만 그 방법을 모르면 수고는 수고대로 하고 성적은 생각만큼 오르지 않아 실망만 쌓여간다.

아이를 하루 종일 책상에 앉혀놓고 무조건 열심히 하라고만 하는 것은 별 도움이 되지 않는다. 대부분의 아이들은 공부보다 노는 것을 더 좋아하기 때문에 자녀가 공부에 집중할 수 있는 환경을 조성해주어야 한다. 이때 공부할 수 있는 환경이라 함은 좋은 학원이나 조용한 집안 분위기만 가리키는 것은 아니다. 아이가 공부를 하기 위해서는 심리적·물질적·환경적 조건이 두루 갖추어져야 한다. 즉 온 가족이 힘을 합쳐 물심양면으로 후원을 해야 아이가 학업에 정진할 수 있는 것이다.

공부 잘하는 아이 뒤에는 든든한 가족이라는 지원군이 있다. 많이 배운 부모, 돈 많은 가정이 아니라 아이가 즐겁고 편안한 마음으로 공부에 집중할 수 있도록 세심하게 배려하는 가족의 힘, 그것이 바로 성공의 배후인 것이다.

그러면 어떻게 해야 내 아이들이 공부를 잘할 수 있을까?

책상에 앉는 습관부터 길러주어라

'공부는 머리로 하는 것이 아니라 엉덩이로 하는 것'이라는 이야기를 내 지도 교수님은 늘 강조하셨다. 이 말처럼 의자에 엉덩이를 붙이고 진득하게 앉아 있지 못하면 절대 공부를 잘할 수 없다. 따라서 자녀가 공부를 잘하기를 바란다면 무엇보다 책상에 앉는 습관부터 길러주어야 한다. 특히 "지금 8시 45분이니까 9시에 시작할게요", "지금은 졸리니까 자고 나서 할게요"라며 이런저런 핑계로 빠져나갈 궁리만 하는 아이라면 지금 바로, 5분이든 10분이든 책상에 앉는 습관을 심어주는 것이 중요하다.

'시작이 반'이라는 말처럼 어떤 일이든 일단 시작하면 계속되는 관성의 법칙이라는 것이 있어 몇 분간은 엉덩이를 붙일 수 있다. 그리고 그것이 습관이 되면 탄력이 붙어 시간을 조금씩 늘릴 수 있다. '작심삼일'을 열 번만 반복하면 공부 습관이 몸에 밴다는 뇌 과학자들의 주장에 따라 최소한 3일만이라도 계속 책상에 앉아 있게 해야 한다.

이때는 반드시 공부를 해야 한다는 생각을 버리고 자녀가 좋아하는 책을 읽게 하거나 일기를 쓰게 하는 등 심리적 부담감이 낮은 일부터 시작하게 하는 것이 좋다. 사람은 누구나 자기가 좋아하는 일을 할 때

몰입도가 가장 높기 때문이다. 이런 식으로 책상에 앉는 습관부터 들인 뒤, 점차 중요도가 높은 공부로 방향을 전환해나가면 된다. 평소 부모가 책상에 앉아 공부하는 모습을 자주 보여주는 것도 좋은 방법이다.

공부도 일종의 훈련이라 공부하는 요령이 있어야 효율을 높일 수 있다. 아무리 머리가 좋아도 초등학교 고학년에 이르면 한계에 부딪치게 마련이다. 공부의 성패는 지능이 아니라 공부 방법의 효율성과 집중력이 좌우하기 때문이다.

아이의 집중력, 환경에 따라 다르다

아이들이 공부에 집중하지 못하는 이유는 여러 가지가 있다. 공부해야 할 내용이 너무 어려운 경우, 평소 독서 수준이 낮은 경우, 건강에 문제가 있는 경우, 동기 유발이 안 된 경우 등등. 또 공부하는 훈련이 안 되어 있는 경우에도 집중하기가 쉽지 않다. 이때 부모가 할 수 있는 가장 쉽고도 중요한 일은 자녀가 공부에 집중할 수 있는 환경을 조성해주는 것이다.

먼저 소음이 적은 공부방과 책상을 마련해주고, 책상 위에 컴퓨터나 게임기, 만화책 같은 집중력을 흐트러뜨릴 만한 것이 없는지 살펴서 주변을 정리해주는 것이 우선이다. 또 환기를 자주 하거나 공기 정화 식물 같은 것을 놓아 실내 공기를 깨끗하게 해주고, 전체 조명과 스탠드를 활용해 책에 집중할 수 있는 분위기를 만들어주면 더욱 좋다. 자녀가 공부를 하고 있을 때는 거실에 TV를 틀어놓는 것도 자제해야 함은 물론이다. 아이가 공부의 중요성을 충분히 느끼고 있다 하더라도 밖에서 다른 식구가 즐거운 시간을 보내고 있으면 마음이 산란해질 수밖에 없다.

자녀가 공부를 하고 있을 때는 과자나 과일 같은 간식을 가져다주는 것도 삼가는 것이 좋다. 이처럼 공부하는 동안만큼은 아무 방해도 받지 않고 오로지 공부에만 전념할 수 있도록 하는 것이 가족의 배려라는 것을 잊어서는 안 된다.

부부 사이가 좋으면 아이의 성적이 오른다

자녀가 공부를 잘하기 위해서는 집안 분위기가 매우 중요하다. 부부간은 물론 가족 간에도 사이가 좋고 화목한 가정의 아이가 그렇지 않은 가정의 아이보다 훨씬 공부에 대한 집중력이 높다. 어른도 집안일로 머리가 복잡하면 일에 몰두하기가 어렵고, 인간관계에서 갈등이 있으면 마음이 차분히 가라앉지 않아 집중력이 떨어진다. 하물며 아이는 오죽하겠는가. 어른보다 심리적으로 더 예민하고 외부의 영향을 받기 쉬운 아이는 가정에 문제가 생기거나 부모의 부부 싸움으로 집안 분위기가 험악해지면 공부에 집중할 수가 없다.

부부 싸움을 하면서 부모는 아이에게 "누가 너보고 그런 걱정하랬어? 넌 들어가서 공부나 해" 하며 다그치곤 한다. 하지만 아이의 마음이 불안하면 책상에 앉아 시간을 보내는 것은 별 도움이 안 된다. 가족의 화목이 자녀에겐 최고의 공부 환경이라는 것을 기억하기 바란다.

읽기와 듣기 능력 키워주기

자녀가 글자를 읽을 수 있게 되면 독서 교육을 시작하는 것이 좋다. 독서는 학습에 대한 호기심을 불러일으키고 향후 공부할 내용에 대한 배경 지식을 쌓아주며, 이해력 향상에 큰 도움을 준다. 흔히 독서는 국어나 글쓰기 공부를 위한 것이라고 생각하지만, 모든 교과목이 읽고 이해하는 능력을 기본적으로 요구하기 때문에 독서 능력이 뒷받침되지 않으면 절대 공부를 잘할 수가 없다.

자녀에게 책을 권할 때는 무엇보다 아이의 흥미를 고려해야 한다. 아이가 책을 읽으려 들지 않는다고 고민하는 부모들의 이야기를 들어보면 학습 도서나 학년별 필독서 등을 세트로 사주고 자녀가 차례로 읽어나가기를 바라는 경우가 많다. 하지만 아무리 어린아이들이라도 자신만의 취향과 선호하는 책이 있게 마련이다. 아이가 좋아하는 내용의 책을 아이 수준에 맞게 제공한다면, 책을 거부하는 아이는 없다.

읽는 것만큼 듣는 능력도 중요하다. 학교에서는 대부분 선생님의 설명을 듣고 이해하는 방식으로 학습이 이루어지기 때문이다. 책을 읽을 때 자신이 지금까지 읽은 내용이 무엇이었으며 전체 내용 중 어디쯤에 와 있는지를 파악해야 독서의 효율이 높아지듯이, 수업을 들을 때도 스스로 요약하며 전체적인 맥락에서 정리하는 능력이 필수적이다.

수능에서 우수한 성적을 거둔 학생들이 공통적으로 말하는 것이 바로 '학교 수업에 충실했다'는 것이다. 이 말은 너무 많이 들어서 별 뜻 없이 흘려듣기 쉽지만, 여기에는 핵심적인 공부법이 담겨 있다. 수업 시간에 들은 내용을 충분히 이해하고 자기 것으로 소화할 수 있다면 나머지 공부는 한결 쉬워진다.

듣기 능력을 기르기 위해서는 예습과 복습을 활용하는 것이 가장 좋다. 특히 예습은 복습보다 10배 이상의 효과가 있다고 한다. 예습을 통해 다음 날 공부할 내용을 미리 파악하고 있으면 내용별 중요도를 한눈에 파악할 수 있고, 그날 배운 내용을 쉬는 시간이나 집에 돌아와서 바로 정리하여 복습하면 공부한 내용을 완벽하게 이해하고 내 것으로 만드는 데 큰 도움이 된다.

공부에 대한 동기부여

어떤 일이든 동기부여가 뚜렷하면 훨씬 즐겁고 효율적으로 할 수 있다. 특히 공부는 목표를 단기·중기·장기별로 세워놓고 거기에 맞춰 체계적으로 해나가야 성과를 거둘 수 있다. 평소 공부와 시험공부, 진학을 위한 장기적인 공부 등을 적절한 시간과 비율로 안배해야 공부하는 즐거움을 느낄 수 있다.

성적 향상이나 등수 올리기 같은 목표는 아이의 학습 욕구와 긴장감을 높여주기 때문에 적절히 활용하는 것이 좋다. 그러나 기초가 부족한 아이에게 '초치기' 식으로 시험공부만 시키는 것은 아무 효과가 없다. 또 학교 공부와 무관하게 너무 앞서가는 선행 학습도 아이에게 공부에 대한 부담을 가중시킬 수 있으므로 아이의 수준과 욕구 등을 잘 파악해서 적절한 학습적 자극을 줄 수 있도록 해야 한다.

뭐니 뭐니 해도 가장 중요한 것은 공부 자체가 자녀에게 부담으로 작용하지 않게 하는 일이다. 공부를 잘하기 위해서는 적절한 긴장감과 성취 목표가 필수적이지만 공부를 부담스러워하고 즐기지 못하면 결승점에 이르기도 전에 지치고 말기 때문이다.

영국 유학 시절, 나는 유치원에 들어간 아들 녀석의 하루 일과를 보며 느낀 것이 많았다. 첫날은 선생님과 인사만 하고 돌아오고, 다음 날 역시 엄마와 함께 유치원에 가서 한두 시간 놀기만 하다 그냥 돌아왔다. 그렇게 며칠을 반복한 뒤에 아이가 엄마와 떨어질 수 있을 만큼 적응이 되자 그제야 수업에 참여하게 했다. 하지만 그 수업이라는 것

동기부여에 좋은 상장 수여

요즘 학교에서는 갖가지 명분을 붙여 대부분의 학생들이 상장을 받는 경험을 할 수 있게 해준다. 이처럼 집에서도 부모가 자녀에게 상장을 줘보자. 학교에서나 받는 상장을 집에서도 받게 되면 어린 자녀의 동기부여에 도움이 될 것이다. 인터넷을 뒤져보면 다양한 상장 케이스나 상장 용지, 상패 같은 것을 판매하고 있으니 활용해보도록 한다.

"위 어린이는 엄마, 아빠가 깨우지 않아도 잘 일어나는 기특한 학생이므로 이 상장을 수여함."
"위 어린이는 우리 집 강아지 다롱이를 잘 보살피고 매일 깨끗한 물을 갈아주었으므로 이 상장을 수여합니다."

도 대단한 지식을 가르치는 것이 아니라 즐거운 놀이와 활동을 통해 사회성과 신체적·정서적 발달을 돕는 식이었다.

수영장에 수영 강습을 보내도 바로 수영을 가르치는 것이 아니라 물장난이나 물속에서의 보물찾기 같은 놀이로 물과 친해지는 연습부터 시키는 것을 볼 수 있었다. 공부도 마찬가지이다. 아이가 공부를 즐기고 그 안에서 재미를 찾아낼 수만 있다면 더 이상 부모가 공부하라는 소리는 안 해도 될 것이다.

부모가 공부하는 모습이 가장 큰 자극제

공부는 특정 시기에, 학생들만 하는 것이 아니다. 지식사회, 정보사회에서 생존하기 위해서는 평생교육이 필수 조건이다. 최근 들어 '공주족', '샐러던트'라는 신조어가 심심찮게 나도는데, 공주족은 '공부하는 주부'라는 뜻이고 샐러던트는 '공부하는 샐러리맨'을 말한다. 이렇게 공주족과 샐러던트가 증가하고 있는 현실은 바로 평생교육을 중요시하는 사회적 분위기를 반영하는 것이라 할 수 있다. 또 얼마 전 공무원 시험에 연령 제한이 없어지면서 공무원 시험에 도전하는 40~50대의 '노공족'도 눈에 띄게 늘었다고 한다.

자격증을 따기 위한 공부이건, 단순히 지식을 늘리기 위한 공부이건 어떤 것이라도 좋다. 자신이 원해서, 필요성을 절감해서 하는 공부는 능률이 높을 수밖에 없다. 당장 직업을 바꾸거나 학위를 따기 위한 거창한 공부가 아니라도 공부는 그 자체만으로 뇌를 활성화시켜 노화를 방지하고, 성취감을 통해 젊음과 건강을 유지할 수 있게 해준다. 공부를 즐기는 습관은 노후 대책을 위한 중요한 자산인 셈이다.

나아가 부모가 평소에 목표를 갖고 공부하는 모습을 보여주는 것은 자녀의 학습 욕구를 불러일으키는 훌륭한 자극제가 된다. 또 부모 입장에서도 자녀가 공부하는 것이 얼마나 힘든 일인지를 공감할 수 있어 가족 간 이해를 높이는 데도 도움이 된다. 이제 더 이상 자녀에게 "제발 공부 좀 해"라고 다그치지 말고 같이 공부하며 격려하는 솔선수범형 부모가 되기를 바란다.

우리 집 가정교사

부모는 자녀가 신문이나 책은 읽지 않고 텔레비전을 보거나 게임만 하는 것이 안타까워 잔소리를 하지만 여간해선 잘 고쳐지지 않는다. 자녀 역시 인터넷이나 휴대전화를 쓸 줄 몰라 쩔쩔매는 부모를 보면, 우리 부모는 왜 저렇게 답답하게 사실까 안타까울 때가 많다.
그럴 때 부모가 자녀에게 자신의 가정교사가 되어줄 것을 부탁하는 것은 어떨까? 그것이 문자 보내기나 이메일 보내기 공부일 수도 있고, 인터넷으로 예약하고 송금하는 일이나 사진을 찍어서 올리고 전송하는 과외일 수도 있다. 서로의 능력과 필요에 따라 가정교사 계약을 하고 수업료를 지불한다면, 늘 용돈이 부족해 허덕이는 자녀에게는 수입이 생겨서 좋고 부모에게는 그렇게 해서라도 부모 자식 간에 대화의 기회를 만들 수 있어서 나쁘지 않다.
단, 몇 번을 가르쳐주어도 잘 못 알아듣는 부모에게 자녀가 인내심을 한없이 발휘해줄 것이라는 기대는 아예 하지 않는 것이 좋다.

맞벌이 부부가 될 아이, 지금 어떻게 키울까?

 아침 5시 50분에 일어나서 남편 깨우고, 남편이 씻는 동안 밥을 차려요. 애가 세 살짜리와 일곱 살짜리 둘인데, 남편이 밥 먹고 출근 준비를 하는 동안 작은애를 먼저 깨우죠. 애 옷 입혀서 근처에 있는 친정집에 데려다 주고 오면, 그때부터는 큰애 뒤치다꺼리를 해야 해요. 저 씻으면서 큰애 씻기고, 옷 입히고, 유치원 준비물 챙겨서 또 데려다 주고…….

 여자는 회식 때 술을 한잔 하든 안 하든 관계없이 집에 오면 애들 씻겨야 되고, 재워야 되고, 그러고도 내 할 일은 그대로 남아 있잖아요. 그런데 남편은 일찍 들어와서도 텔레비전이나 보다가 자버리고, 술 먹고 늦게 들어오는 날은 술 취했다고 자버리고……. 저희 부부는 하루 종일 서로 몇 마디도 안 하는 것 같아요. 무엇보다 제가 그럴 만한 시간이 없죠. (…) 하루는 둘째 애가 놀이방 가서 열 감기에 걸렸어요. 도무지 시간이 안 나서 일주일 만에야 병원에 데려갔지 뭐예요. 그랬더니 의사가 "어머니, 애를 이렇게 방치하시면 어떻게 해요? 바로 입원시켜서 치료받게 하세요" 그러는 거예요. 저도 모르게 왈칵 눈물이 쏟아지더라고요. 내가 무슨 부귀영화를 누리겠다고 이러고 사나 싶었죠. 애들도 고생, 저도 고생이잖아요.

저는 제 일이 정말 좋아요. 보람도 있고, 성취감도 느끼고……. 그런데 이제는 너무 지쳐서 조금만 여유가 있다면 직장을 그만두고 싶다는 생각을 자주 해요. 하지만 지금 일을 그만두고 집 안에 들어앉기에는 너무 아까운 거예요. 저도 벌써 경력이 10년 차예요. 제 분야에서는 베테랑 소리 듣는단 말예요. 아니할 말이지만, 일이 정말 재밌고 성과가 좋을 때는 '결혼하는 게 아니었어' 하는 생각까지 든답니다.

맞벌이 부부 연구를 위한 포커스 그룹 인터뷰에서 만난 한 30대 여성의 하소연이다. 하지만 이 이야기는 비단 이 여성만의 고충은 아닐 것이다. 맞벌이를 하는 대다수 여성들이 날마다 전쟁 같은 일상을 살고 있다. 그들은 하나같이 '내 딸도 나중에 이러고 살겠지' 싶으면 절망적인 기분이 든다고 한다. 딸 가진 어머니들이 "넌 어떻게든 공부 잘해서 엄마보다는 잘 살아야지" 하며 자녀를 채근하는 것도 자신의 고단한 일상을 대물림하지 않겠다는 생각에서이다.

그러나 공부 잘하고 능력이 뛰어나다고 해서 육아와 집안일 등의 고단한 일상으로부터 벗어날 수 있는 것은 아니다. 우리 딸들이 즐겁게 일하고 행복하게 집안을 돌보기 위해서는 지금부터 남자와 여자가 더불어 사는 방법을 가르쳐야 한다. 당장 학교 공부나 특목고 준비, 대학 입시 때문에 바빠 죽겠는데 무슨 한가한 소리냐고 따지는 사람들도 있을지 모르지만, 남자와 여자가 만나 행복한 가정을 이루고 서로의 자아실현을 도우며 함께 발전해나가는 것이야말로 부모가 자녀에게 바라는 궁극적인 목표가 아니겠는가.

이런 일은 공부를 잘한다고 해서, 돈을 많이 번다고 해서 저절로 이루어지는 것이 아니다. 내 딸이 훗날 집안일과 회사 일을 양손에 쥐고 눈물 흘리는 일이 없도록, 내 아들이 누군가의 귀한 집 딸을 불행하게 만드는 일이 없도록 지금부터 우리 아이들에게 가정 내 성 역할을 제대로 가르쳐야 한다.

부부가 먼저 성 역할에 대한 인식을 바꿔라

근래 들어 맞벌이 부부가 크게 늘고 있다. 노동부의 통계에 따르면 2007년 기혼 여성의 경제활동 참여율이 54.8%로, 미혼 여성의 경제활동 참여율인 45.2%를 월등하게 앞서고 있다. 여성 노동력에 대한 수요가 증가하고 여성들의 교육 수준이 높아지면서 자아실현과 직업적 성취에 대한 욕구가 높아진 데다, 남편 혼자 벌어서는 먹고살기 힘든 세상이 되었기 때문이다.

그러나 남편의 가사 분담 비율은 턱없이 낮은 수준이다. 통계청이 발표한 2009년도 '생활시간 조사 결과'에 따르면 여성의 평균 가사 노동 시간은 3시간 35분인 반면, 남성은 42분밖에 되지 않았다. 아직도 남편들에게 있어 가사는 당연히 '분담'해야 할 자신의 일이 아니라, 어쩌다 '도와주는' 아내의 일이라는 인식이 강하다는 것을 알 수 있다. 가족을 부양하는 책임은 부부가 나누어 지면서도 집안일과 아이들 키우는 일은 여전히 아내의 일로 남아 여성들의 어깨를 짓누르는 것이다.

상담실을 찾는 사람들이 하소연하는 내용은 참 다양하지만, 가사 분담과 아이 양육 문제 때문에 부부 싸움이 잦다는 가정이 꽤 많다. 그러나 상담만으로 집안일에 대한 남자들의 편견을 바로잡는 데는 한계가 있다. 그렇기 때문에 언젠가는 맞벌이 부부로 살아갈 자녀에게 가사 분담에 대한 효과적인 노하우를 미리 가르치는 것이 매우 중요하다. 이러한 노력은 가족 분위기 자체를 변화시켜 남편의 가사 참여율을 높이는 데도 효과가 있다.

미국의 가족학자 보엔과 오스너가 부부간 성 역할 태도의 일치와 결혼 적응 간의 관계를 조사한 연구 결과는 매우 흥미롭다. '부부 모두 전통적이거나 근대적인 성 역할 태도를 가진 집단'과 '근대적인 남편-전통적인 아내 집단'의 결혼 적응 수준은 큰 차이가 없었다. 그러나 '전통적인 남편-근대적인 아내 집단'의 결혼 적응 수준은 눈에 띄게 낮은 것으로 나타났다.

따라서 자녀가 행복한 가정을 이루기 바란다면 어릴 때부터 집안일의 의미에 대해 제대로 가르쳐주어야 한다. 특히 아들을 둔 가정에서는 집안일이 여자들만의 일이 아님을 확실하게 주지시켜야 한다. 남자는 나가서 돈 벌고 여자는 집에서 살림하고 아이나 키워야 한다는 전통적인 사고방식에서 벗어나지 못하면 부부 싸움을 면할 수 없다. 설사 대학에서 '여성학 개론'이나 '결혼과 가족' 같은 교양과목을 수강한다 하더라도 행동이 몸에 배어 있지 않으면 아무 소용이 없다. 부부간 성 역할에 대한 인식은 부모나 학교 교육, 대중매체 등에 의해서 형성되며, 한번 자리를 잡으면 쉽게 바뀌지 않기 때문이다.

왜 집안일은 엄마가 해야 하지?

가족 중에 누군가는 반드시 집안일을 해야 하고, 도우미의 도움을 받더라도 반드시 가족이 직접 해야 할 일이 있게 마련이다. 자녀에게 이러한 이야기를 들려주며 아무도 집안일을 하지 않으면 우리 집이 어떻게 될지 얘기해본다.

먼저 일주일쯤 집 청소를 하지 않고, 쓰레기도 버리지 않고, 음식물 쓰레기가 넘쳐 악취가 코를 찌른다면 집 안 꼴이 어떻게 될까? 빨래를 안 해서 갈아입을 옷이 없고, 같은 속옷을 며칠간 계속 입어야 한다면 기분이 어떨까? 또 아무도 설거지를 안 해서 먹었던 국그릇에 물을 따라 마시고, 찌개 그릇에 다시 밥을 떠먹는 모습은 어떨까? 자녀에게 한번 떠올려보게 하자. 그러고 나서 집안일이란 우리 가족이 최소한의 인간적인 모습을 유지하며 살기 위해서 누군가는 반드시 해야 하는, 매일매일 하지 않으면 안 되는 일임을 가르쳐주도록 한다.

이어서 그 '누군가'가 왜 항상 엄마나 여자여야 하는지 물어본다. 자녀가 아주 어릴 때는 당연히 부모가 해줘야겠지만 중·고등학생, 대학생이 된 뒤에도 왜 늘 엄마나 여자가 집안일을 대신해주어야 하는지 물어보면 쉽게 대답하지 못할 것이다.

다음으로 집안일에는 어떤 종류의 일이 있는지 자녀 스스로 생각하고 종이에 써보게 한다. 밥하기, 빨래하기, 청소하기 등 열 가지를 넘게 쓰는 아이가 드물 것이다. 특히 어린아이들의 경우 밥은 전기밥솥이 하고, 빨래는 세탁기가 하고, 청소는 청소기가 해주는 것이라고 생각하기 쉽다. 이때는 그 모든 일이 여러 단계에 걸쳐 이루어지며, 사람의 손과 수고를 통하지 않고는 어떤 것도 제대로 이루어질 수 없다는 것을 자세히 설명해주어야 한다.

"전기밥솥이 뚝딱 하고 밥을 만드는 게 아냐. 저녁 한 끼를 준비하는 것도 결코 간단한 일이 아니고. 밥을 지으려면 먼저 쌀을 계량해야 되겠지? 네 명이면 어느 정도 분량의 쌀이 적당한지, 잡곡은 또 무엇을 얼마나 넣을 것인지도 다 미리 결정해야 해. 쌀을 씻고 물을 맞추는 것도 아주 중요한 일이란다. 그리고 우리가 밥만 먹는 것은 아니잖니? 오늘 반찬은 뭘 할까, 어디에 가면 싱싱하고 싼 재료들을 살 수 있을까, 뭘 해주면 우리 가족이 맛있게 먹을까, 고민하고 결정해서 장을 보러 가야 해. 그것도 다 일이야. 게다가 마트나 시장에 가서 장 보는 것도 얼마나 힘든 일인데……. 엄마 혼자서 장바구니를 두세 개씩 들고 오려면 그것도 중노동이란다. 그리고 장을 봐놓기만 하면 음식이 저절로 돼? 장 봐온 것을 손질하고 깎고 썰고 무치고 끓여야 해. 음식이 다 돼도 식탁 차려야지, 식사를 하다가도 물 갖다 주랴, 밥 더 퍼다 주랴, 수도 없이 일어나야 하잖아. 또 다 먹고 난 뒤에는 식탁 치우고 설거지해야지, 음식물 쓰레기 분리해서 갖다 버려야지……. 저녁 한 끼 먹기 정말 힘들지 않니?"

특별히 과장해서 말할 필요도 없다. 가사 노동이 얼마나 힘든지 있는 그대로 설명해주기만 해도 금세 느낄 수 있다. 이렇게 자녀에게 집안일의 수고로움을 알게 하는 것은 자녀 스스로 가사 분담의 필요성

살림살이 체험

늘 빠듯한 살림살이인데도 아이들은 항상 요구하는 것이 많다. 남편 역시 쥐꼬리만 한 월급을 가져다주고는 뭘 그리 헤프게 쓰느냐며 오히려 큰 소리이다. 그렇다면 가족이 돌아가며 살림을 직접 살아보게 하자. 물론 가족 간에 먼저 합의가 이루어져야 하겠지만, 각자의 나이나 능력 등을 감안하여 대학을 졸업한 딸은 한 달, 대학생 아들은 일주일, 동의만 한다면 남편은 석 달, 이런 식으로 말이다. 아이들이 아직 어리다면 마트에 가서 직접 장을 보게 하거나 가족 여행을 떠났을 때 회계를 맡기는 것도 방법이다. 생생한 경제 교육과 함께 주부의 고충까지 헤아릴 수 있는 값진 체험이 될 것이다.

을 느끼게 하는 중요한 계기가 된다.

자녀가 할 수 있는 작은 일은 직접 하게 한다

자녀가 어느 정도 자라면 연령에 따라 할 수 있는 일을 남녀 구분 없이 분담시켜야 한다. 자기가 먹은 밥그릇은 직접 싱크대에 갖다놓기, 재활용품 분리수거하기, 빨래 걷어서 개기, 자기 방은 자기가 청소하기 정도는 어린아이도 위험 요소 없이 충분히 할 수 있는 일이다. 나이가 좀 더 들면 설거지를 시키거나 세탁기를 돌리게 하는 것도 가능하고, 목욕 후에 욕조나 세면대 닦는 것쯤은 얼마든지 혼자서 할 수 있다.

남자아이라도 초등학교 고학년쯤 되면 라면 정도는 직접 끓여 먹을 줄 알아야 하고, 엄마를 대신해 무거운 장바구니를 들어줄 수도 있다. 엄마 혼자서 하면 너무 힘드니까, 집안일은 당연히 가족이 함께 해야 하는 것이니까 네가 할 수 있는 일은 직접 하는 것이 좋다고 가르쳐야 한다. 이렇게 평소 집안일에 관심을 갖고 자신의 역할을 찾을 수 있게 키운다면 나중에 결혼해서도 가사 분담 때문에 아내와 마찰을 빚는 일은 크게 줄 것이다.

더러는 집안일을 하고서 대가를 요구하는 아이들이 있다. 자녀가 아주 어릴 때야 좋은 습관을 길러주기 위해 용돈을 조금 주는 것을 허용할 수는 있다. 하지만 어느 정도 커서도 가족의 한 사람으로서 당연히 해야 할 일을 한 것에 대해 습관적으로 대가를 바란다면 재고해보아야 한다. 이런 경우에는 일단 자녀가 요구하는 것을 들어준다. 그러고 나서 아이를 조용히 불러 이렇게 얘기를 시작한다.

"엄마 얘기 좀 들어볼래? 너 아까 네 방 치우고 신발장 정리했다고 용돈 달라고 했지? 그럼 엄마가 그 동안 너 재워주고 먹여주고 입혀주고 한 것도 다 돈 받아야 되겠네. 그래, 네가 지금 열세 살이니까 숙박비 계산 좀 해보자. 부모 자식 간에 많이 받을 수는 없으니까, 하루에 2만 원씩 365일, 거기에 13년 곱해봐. 그리고 식사 한 끼도 싸게 쳐서 2000원씩만 계산하자. 하루 세 끼씩 365일에 13년 곱해봐."

그 정도쯤 하면 세상에 그런 것을 요구하는 부모가 어디 있느냐고 펄펄 뛸 것이 틀림없다. 그러면 가족으로서 당연히 해야 할 일을 하고서도 용돈을 요구하는 너는 옳은지 되묻고, 가족과 집안일의 중요성에 대해 다시 한번 차분하게 설명하면 된다.

아빠의 '쇼'가 엄마의 설명보다 낫다

엄마의 설명이나 요구보다 더욱 효과적인 것은 아버지가 자녀 앞에서 모범을 보이는 것이다. 처음에는 자녀에게 보여주기 위한 '쇼'여도 좋다. 그러나 그것이 생활이 되어 일주일에 한 끼 정도는 아버지가 직접 만든 음식을 나누어 먹을 수 있으면 금상첨화이다. 부엌일에 영 재주가 없는 아버지라도 진공청소기로 집 안을 청소하고, 함께 장을 보고, 쓰레기를 버리는 일 정도는 얼마든지 할 수 있다. 이때는 아내가 해줄 것을 요구할 때까지 기다릴 게 아니라 직접 나서서 일을 찾고 행동에 옮기는 것이 중요하다. 아버지의 이런 모습을 보며 자란 자녀는 가사 분담을 저절로 학습하게 된다. 딸아이에게는 왜 남자들이 안 도와주고 못 도와주는지에 대해서도 가르쳐줄 필요가 있다. 아버지의 아버지(그러니까 할아버지)가 집안일 하는 것을 보지 못하고 자랐거나, 그런 일은 여자나 하는 일이라고 교육받은 것이 가장 큰 이유 중의 하나라고. 그리고 집안일을 해보지 않았기 때문에 많이 서툰 탓도 있고, 아내가 해달라고 요구조차 하지 않거나 해줘도 좋은 소리를 못 듣는 경우, 남자가 집안일 하는 것을 우습게 보는 주위의 시선 때문이라는 것을 이해할 수 있도록 설명하면 장래의 불만을 크게 줄일 수 있다. 특히 남편에게 기분 좋게 요청하는 지혜를 엄마가 직접 보여줄 수 있으면 효과는 만점이다.

가족의 소질이나 취향에 따라 '가사 분담표'를 만들어서 실천해보

가사 분담 가격표

신혼기 또는 자녀를 다 결혼시키고 난 후 제2의 신혼기를 맞은 부부가 도전해봄 직한 방법이다. 집안일에 일일이 가격을 매기는 것이다. 진공청소기로 집 안 청소하기 5000원, 설거지 7000원, 빨래하기 5000원, 화장실 청소 9000원, 저녁 식사 준비하기 1만 원 등등. 부부가 합의하여 가격을 매긴 다음, 어느 한쪽이 그 일을 수행하고 청구를 하면 배우자가 비용을 지불하는 게임이다. 돈의 액수를 떠나서, 안 그래도 해주려고 하던 차에 돈까지 생긴다면 내가 먼저 하겠다고 서둘러 퇴근하는 남편도 있지 않을까 싶다. 또 조금의 지출이 있긴 하지만 얼마간의 돈으로 남편을 부려먹는(?) 재미도 쏠쏠하지 않을까?

는 것도 교육적이다. 엄마는 음식 솜씨가 좋으니까 요리를 맡고, 아버지는 성격이 깔끔하니까 청소를 맡고, 아들은 정리·정돈을 잘하니까 빨래 개는 일을 맡는 식이다. 또 요일별로 일을 바꿔서 해보며 서로의 고충을 이해하는 것도 좋다. 어떤 일이든 직접 해보지 않으면 그 어려움을 알기가 쉽지 않기 때문이다.

　엄마 입장에서도 가급적 일을 줄이려는 지혜가 필요하다. 남편과 자녀의 도움이 필요할 때는 상대의 기분을 배려하며 요구할 줄 알아야 하고, 자신이 너무 지치고 힘들 때는 적당히 일을 미루거나 줄일 줄도 알아야 한다. 특히 맞벌이를 하는 엄마라면 집안일을 완벽하게 해내야 한다는 부담감에서 벗어날 필요가 있다. 정 바쁠 때는 한 끼 정도 간단한 외식으로 해결하는 것도 좋고, 경제적인 여유가 있다면 세탁소의 도움이나 로봇 청소기, 식기세척기 같은 편리한 가전제품의 힘을 빌리는 것도 한 방법이다.

　우리 집이 누군가에게 보여주기 위한 모델하우스도 아니고, 쓸고 닦고 먼지 하나 없이 사는 것이 목적도 아니다. 중요한 것은 그 안에 사는 가족의 행복이다. "내가 쓰러지는 한이 있더라도 청소는 해놓고 자겠다"고 고집 부려봤자 자신만 피곤할 뿐 생활은 크게 달라지지 않는다. 슈퍼우먼이 되기 위해 애쓸 게 아니라 집안일에 대한 표준을 조금 낮춰보라는 얘기이다. 자신의 건강과 행복감을 지키는 범위 내에서 집안일과 바깥일을 조화롭게 해내는 엄마의 모습은 딸뿐만 아니라 아들에게도 훌륭한 모델이 될 것이다.

아이에게 바람직한 이성관과 결혼관을 심어라

수업 시간에 선생님이 주의를 주는데도 여자 친구의 얼굴을 쓰다듬고 머리를 만지는 초등학생이 있는가 하면, 여자 친구를 자기 무릎 위에 앉히고 가슴을 애무하다 교내에서 적발된 중학생도 있다. 이런 기사를 볼 때면 흔한 말로 "하여간 요즘 애들은……" 하며 혀를 차거나 "세상이 어떻게 되려고……" 하며 불편한 기색을 보이는 것이 보통이다. 하지만 '설마 우리 애는 그러지 않겠지' 하고 넋 놓고 앉아 있을 수만은 없는 시대이다.

2007년, 보건복지부에서 일반 청소년 1만 3721명과 위기 청소년

1505명을 대상으로 '청소년 유해환경접촉 종합실태조사'를 실시한 결과는 가히 충격적이다. 중학생들이 호프집, 소주방, DVD방에 처음 가거나 처음으로 성적 접촉을 한 때의 1순위가 초등학교 6학년이었다. 심지어는 초등학교 3, 4, 5학년 때라고 응답한 학생도 많았다.

내가 중·고등학교에 다니던 시절, 이성 교제는 우리 모두의 꿈이었지만 그림의 떡일 뿐이었다. 남녀공학이 없었기 때문에 남학생과 여학생이 만날 기회조차 드물었다. 여학생들은 자기 집주소와 전화번호를 알려주지 않았고, 설사 전화번호를 알아냈다고 하더라도 부모님이라는 검열관을 통과하기가 어려웠다. 둘이서만 만날 수 있는 장소가 별로 없었을 뿐 아니라 빵집에서 만나다 생활지도부 선생님에게 발각이라도 되는 날에는 정학 처분을 받던 시절이었다. 요즘 아이들에게 그런 얘기를 하면 완전히 코미디라고 배꼽을 잡는다.

그러나 옛날 얘기나 하며 아이들을 나무랄 때가 아니다. 상담실에서 만나는 부모들은 자녀의 급격한 변화에 대해서 잘 모르는 경우가 태반이다. 자녀가 올바른 이성관을 갖고 성장하여 자신에게 꼭 맞는 배우자를 선택해 행복한 결혼 생활을 누리기 위해서는 이성 교제와 배우자 선택에 대해서 미리 가르칠 필요가 있다.

"지금 애들이 몇 살인데 벌써 배우자 선택 얘기냐?"고 반문할지 모르지만, 이성 교제에 대한 가치관과 배우자 선택을 위한 안목, 결혼 생활에 대한 지식은 막상 닥쳤을 때 급하게 가르칠 수 있는 것이 아니다. 특히 평소 부모가 갖고 있는 생각이나 부모의 부부 관계는 자녀의 이성관과 결혼관에 직접적인 영향을 미친다. 그러므로 자녀가 어릴 때부터 부부가 서로 사랑하고 아껴주는 모습을 보여주어 자녀가 자연스럽게 바람직한 이성관을 형성할 수 있도록 도와야 한다.

이성 교제, 말린다고 되는 게 아니다

청소년기의 이성 교제를 무조건 막는 것은 좋은 방법이 아니다. 시대에 뒤떨어진 봉건적 사고방식을 자녀에게 강요하거나 편견에서 벗어나지 못하면 부모 자식 간에 돌이킬 수 없는 벽이 생기게 된다. 또 자녀의 이성 교제를 무조건 나쁘게만 볼 것도 아닌 것이, 이 시기의 아이들은 이성 교제를 통해 남녀가 어떻게 다른지 배우고, 이성 친구의 생각과 행동에 따라 어떻게 대응해야 하는지에 대한 인간관계의 기술도 익히는 기회가 되기 때문이다. 자녀가 지금 사귀는 이성 친구와 반드시 결혼하는 것도 아니고, 손을 잡거나 팔짱을 끼고 다닌다고 해서 잠자리를 했다고 단정 지을 수도 없다. 이성 교제의 위험성을 부각하여 무조건 펄펄 뛰며 말리는 것만이 능사는 아니다.

그러나 자녀의 이성 교제를 부모가 장려하거나 권유하기는 어려운 일이다. 그러니 자녀에게 이성 친구가 생긴 기미가 보이면 부모의 경험이나 생각을 솔직하게 털어놓는 것이 가장 좋다. 특히 부모가 무엇을 염려하는지 솔직하게 얘기하고, 이성 교제를 통해 얻는 것이 무엇이고 잃는 것이 무엇인지를 따져보는 기회를 만들어줄 필요가 있다. 이때 굳이 마음에도 없는 말, 듣기 좋은 말만 하면서 쿨한 부모인 척

연기할 필요는 없다. 하지만 심문하고 추궁하고 지나치게 자세히 알려고 하거나 이성 친구의 부정적인 면을 지적하는 것은 삼가야 한다. 이성 친구를 마치 자신의 분신쯤으로 여기는 아이들은 부모가 그렇게 나오면 말문을 닫아버리거나 거짓말을 하게 된다.

차라리 이성 친구를 만날 때의 옷차림이나 만나면 좋을 만한 장소 등 실질적인 정보를 주면서 청결이나 시간 약속에 대한 조언을 해준다면 자녀가 부모에게 먼저 상의를 해오기도 할 것이다. 자녀의 이성 친구를 집으로 초대해서 건전하게 사귈 수 있도록 유도하면 부모들이 걱정하는 일탈을 예방하는 효과도 있다. 물론 스킨십의 정도나 성적 욕구를 어떻게 다스려야 하는가에 대한 구체적인 지침은 반드시 전달해야 한다. 무엇보다 부모는 자녀가 이성 친구를 사귄다는 사실만으로 흥분해서 아이를 크게 나무라거나 부모 자신이 걱정에 휩싸이지 않도록 원칙을 분명하게 정해두는 것이 좋다.

사랑의 감정을 조율할 수 있는 힘

청소년기의 이성 교제를 본격적인 사랑이라고 보기는 어렵지만, 자녀가 느끼는 감정은 생각보다 크거나 깊은 것일 수도 있음을 유념해야 한다. 특히 이 시기의 아이들은 부모가 "애들이 공부나 할 것이지 연애는 무슨……" 하며 자신의 감정을 함부로 얘기하는 것에 대해 반감을 느끼게 된다.

자녀가 이성 친구를 사귀는 사실을 알게 되었을 때는 최대한 자연스럽게 반응하며, 남녀 관계와 사랑에 대한 부모의 생각을 전달하는 것이 좋다. 청소년기의 아이들은 사랑의 낭만적인 면에만 빠지기 쉽다. 누구나 한 번쯤 꿈꾸는 낭만적인 사랑은 지극히 정상적이고 아름다운 심리적 체험이다. 그러나 낭만적인 사랑은 대단히 비정상적이고 신경증적이며, 불안정한 심리 상태이기도 하다는 것을 이해시킬 필요가 있다. 나아가 진정한 사랑이 무엇인가에 대해 자녀와 대화를 나눠보는 것이 좋다. 드라마에 나오는 등장인물을 대상으로 서로의 의견을 나눌 수도 있고, 자녀도 아는 사람의 예를 들어 부모의 생각을 전할 수도 있다. 그리고 낭만적인 사랑, 이기적인 사랑, 쾌락적인 사랑 등이 각각 어떤 위험을 내포하고 있는지를 알려주고, '친밀감'과 '열정'과 '헌신'이 함께해야만 바람직한 사랑임을 가르쳐준다. 순간적인 감정에 빠져 공부에 지장을 준다거나 질투와 강박관념에 사로잡혀 상대방에게 집착한다면 성숙한 사랑이 아니라는 것을 자녀의 수준에 맞춰 잘 설명해주는 것이 중요하다.

또 이 시기의 이성 친구는 수시로 바뀌기도 하기 때문에 헤어질 때는 어떻게 해야 하는지에 대해서도 지도할 필요가 있다. 서로 합의한 헤어짐이 아니라 일방적으로 실연을 당하거나 부모의 반대 때문에 헤어지게 될 경우 그 충격은 더욱 크다. 이런 일이 있을 때는 자녀가 충분히 아파하고 슬퍼할 수 있는 시간과 기회를 주고, 나아가 성장의 계기로 삼을 수 있도록 격려하며 지지해준다면 자녀에게 값진 경험이 될 것이다.

자녀는 부모의 결혼 생활을 보고 배운다

자녀가 성장함에 따라 결혼 생활에 대해서도 깊이 있는 대화를 자주 나누는 것이 좋다. 모든 사람이 반드시 결혼해야 하는 것도 아니고 결혼을 하면 꼭 아이를 낳아야 하는 것도 아니다. 하지만 그 같은 결정을 하기 전에 결혼과 독신, 동거 중 어떤 삶의 방식이 자녀의 행복에 도움이 되겠는지 충분히 토론해보면 자녀 스스로 가장 바람직한 방향을 찾아가는 데 도움이 될 것이다.

한때 유행한 '순간의 선택이 평생을 좌우한다'는 광고 문구처럼 누군가를 배우자로 선택한다는 것은 그 사람과 앞으로 50~60여 년을 함께 산다는 의미이며, 그 배우자가 어떤 사람이냐에 따라 앞으로의 삶의 질이 달라진다고 해도 과언이 아니다. 그리고 배우자란 잘못 선택했다고 해서 반품이나 교환이 가능한 물건도 아니기 때문에 선택에 더욱 신중을 기해야 함을 강조할 필요가 있다.

그러나 무엇보다 중요한 것은 부모가 서로를 사랑하며 행복하게 사는 모습을 보여주는 것이다. 가정에서 긍정적인 경험을 많이 한 아이들은 자연스럽게 그와 비슷한 가정을 꾸릴 수 있는 배우자를 찾게 된다. 딸이 아버지와 비슷한 남성을 찾고, 아들이 어머니와 비슷한 여성을 선호하는 것은 바로 이 때문이다. 자신도 모르게 결혼 생활은 어떤 모습이며, 남자와 여자는 어떤 관계를 형성하며 살아가야 하는지 자연스레 배우는 것이다.

나이가 50이 다 되도록 결혼 안 한 여성이 있었다. 어떤 사람이 그녀에게 물었다.

"결혼을 안 한 특별한 이유가 있습니까? 이상형을 아직 못 만난 건가요?"

그러자 그녀가 대답했다.

"아니요, 이상형을 찾았습니다."

"그런데 왜 결혼을 안 하셨습니까?"

그러자 그녀는 웃으면서 대답했다.

"그 남자도 자기 이상형이 있더라고요."

웃자고 만든 얘기겠지만, 여기에는 많은 뜻이 내포되어 있다. 사람들은 내 마음에 맞는 상대만 발견하면 행복한 결혼 생활이 보장되는 것으로 착각하지만 실상은 그렇지 않다. 나 역시 상대방의 마음에 들도록 끊임없이 노력해야 하며, 행복한 가정은 두 사람의 배려와 양보, 이해와 믿음 위에 이루어지는 것이다. 풍경화든 인물화든 그리고자 하는 풍경이나 대상을 발견했다고 해서 바로 훌륭한 그림이 되는 것이 아니라 끊임없이 그리고 또 그리는 연습을 해야 걸작을 낳을 수 있는 것과 마찬가지이다.

그렇기 때문에 자녀가 현실적이고 바람직한 결혼관을 가지고 배우자를 선택할 수 있도록 지도해야 한다. 부모가 서로 위하고 아끼는 모습을 30년 가까이 지켜봐온 사람이라면, 당연히 자신도 결혼하면 그와 같이 해야 한다고 여기게 된다. 폭력적인 아버지 밑에서 상처받으며 자란 남성이 자신은 절대 그럴 일은 없을 것이라고 장담하지만 아버지의 모습을 그대로 재현하는 경우가 많다. 아버지가 어머니를 지극히 사랑하는 가정에서 자란 여성은 자신 역시 남편으로부터 그런 사랑을 받는 것이 당연하다고 여기게 된다. '많은 것이 2대, 3대에 걸쳐 세습된다'는 말은 굉장히 무서운 말인 동시에 많은 가능성을 내포한 말이다. 내 자녀가 어떤 모습으로 살아가기를 바라는가. 바로 그 모습을 지금 우리 가정에서 보여줘야 한다. 그것이 진정한 자녀 교육이며, 자녀에게 물려줄 수 있는 가장 아름다운 유산이다.

자녀를 로미오와 줄리엣으로 만들지 않으려면

'결혼과 가족'이라는 내 수업을 듣는 학생들에게 나는 배우자를 선택할 때 성숙한 사람을 골라야 한다는 말을 자주 한다. 덧붙여 심리적·정서적·도덕적으로 성숙한 사람, 그리고 무엇보다 경제적으로 독립한 '어른'을 만나야 한다고 강조한다. 그러려면 내가 원하는 이상형은 어떤 사람인지, 그리고 나는 어떤 사람인지를 정확하게 아는 것이 도움이 된다.

가정에서는 부모가 이 역할을 충분히 해주어야 한다. 자녀가 스스로 자신을 이해하고, 자신에게 어울리는 사람을 찾을 수 있도록 지도하며, 진정한 사랑과 행복의 가치를 깨달을 수 있게 이끌어주어야 한다. 하지만 부모의 의견이 서로 달라 자녀가 혼란을 겪는 경우가 많다. 어머니는 다정하고 사랑이 넘치는 사람을 고르라고 조언하는 반면, 아버지는 무조건 능력 있는 상대를 만나야 한다고 강조한다면 자녀는 혼란에 빠질 수밖에 없다.

그렇기 때문에 자녀가 성장해나감에 따라 부부가 함께 머리를 맞대고 자녀의 배우자상에 대한 이야기를 나눠보는 것이 좋다. 내 자녀의 특성을 부모 이상으로 잘 아는 사람은 없다. 내 자녀의 단점을 덮어주고 장점을 극대화해줄 수 있는 상대는 어떤 사람인지, 부모가 먼저 의견을 통일하고 자녀를 지도해야 온 가족이 다 함께 행복해지는 결혼이 이루어질 수 있다. 이때는 지나치게 물질적인 조건만 따져서는 안 된다. 상대방의 직업이나 경제적인 능력, 외모 등도 무시할 수 없지만 결혼 생활은 무엇보다 서로 마음을 합쳐 '기쁘거나 슬프거나 병들거나 외로울 때'도 항상 함께할 수 있는 성숙한 사람을 고를 수 있도록 사람 보는 안목을 길러주어야 한다.

또 자녀는 준비되어 있지도 않은데 빨리 결혼하라고 등을 떠미는 것, 나쁜 궁합이나 사주를 이유로 결혼을 반대하는 것도 지혜로운 처사는 아니다. 자녀가 선택한 배우자감이 마음에 들지 않더라도 당사자들의 생각이 확고하다면 기꺼이 받아들이고 지지해주는 것이 부모의 도리이다. 부모가 지나치게 반대하면 오히려 더 운명적인 만남으로 착각하는 '로미오와 줄리엣 효과'에 빠지는 경우도 있으니, 어떻게 하는 것이 자녀의 행복에 도움이 될지를 자문해봐야 한다. 특히 충동적인 결정이나 조혼은 피해야 하며, 문제가 있는데도 불구하고 그것을 과소평가하거나 대책 없는 낙관주의에 빠지지 않도록 조심해야 한다. 그리고 신체적인 매력 또는 재산 같은 후광 효과 때문에 정작 중요한 것을 놓쳐버리는 우를 범하지 않도록 부모가 인생을 더 많이 살아본 어른으로서 지혜를 가르쳐줄 필요가 있다.

지금의 아이는 미래의 어른이다

요즘 '헬리콥터 부모', '캥거루족', '기생독신'이라는 말들이 퍼지고 있다. 헬리콥터처럼 자식의 주위를 맴돌면서 끊임없이 자녀 일에 개입하고 관여하는 부모와 그런 환경에서 자생력 없이 성장한 자녀를 꼬집는 신조어이다. 이런 부모들은 자식이 대학생이 되어도 아이처럼 끼고돌면서 수강 신청을 대신해주는 것은 물론, 입사 서류를 대신 접수해주거나 취업 면접을 보러 갈 때도 따라간다. 이들은 자녀의 학점이나 인사고과에 불만이 있으면 교수나 인사 담당자를 찾아가 따지는 일도 불사한다. 지난 20여 년 동안 공부 외의 모든 것을 부모가 대신

해주던 것이 부모와 자식 모두에게 습관으로 굳어진 것이다.

이런 부모 밑에서 자란 아이들은 판단력이나 자생력이 없다. 심지어는 자신이 무엇을 좋아하는지, 어떤 사람이 되고 싶은지조차 스스로 판단하지 못하며, 험한 세상을 자기 혼자 힘으로 헤쳐나가는 것 자체를 두려워한다. 이들은 실업난을 핑계로 취직할 생각은 안 하고 부모 밑에서 안주하며 점점 무기력하고 이기적인 사람이 되어간다. 그러다 결국 나이 들어서도 부모 집에 얹혀사는 '기생독신'을 택한다.

더욱 나쁜 것은 스스로 그런 생활을 하는 것에 대해 수치심도 없고, 부모의 조종이나 간섭에도 거부감이 없다는 점이다. 결혼한 후에도 문제는 사라지지 않는다. 이들은 결혼 자금 명목으로 목돈을 받아 가정을 꾸리지만 결혼 자체가 자립심을 보장해주는 것이 아니기 때문에 결국은 '백수 부부'로 전락하고 만다. 무슨 일이라도 해보겠다는 의지도 없고, 이렇다 할 수입이 없으면서도 씀씀이는 크고, 허황된 꿈을 꾸며 세상만 탓한다. 그러다 사업 자금 명분으로 부모에게 돈을 빌리지만 그 돈마저 날려버리고 결국 부모의 노년까지도 망쳐버리는 수순을 밟게 된다.

자식에게만 '올인'하는 가족에겐 비극이 예고되어 있다

찢어지게 가난한 농촌에서 태어나 자수성가한 아버지가 있었다. 가난에 한이 맺힌 아버지는 아들 하나만큼은 부족함 모르고 크기를 바랐다. 그래서 아들이 사달라는 것은 다 사주고, 온갖 응석을 다 받아주었다. 하지만 이 아들은 아버지의 뜻대로 자라주지 않았다. 공부를 못해 돈을 써서 겨우 대학에 보내놓았더니 공부는 뒷전이고 노는 데만 정신이 팔려 세월을 허비했다.

취직도 못한 아들은 사업 자금을 대주면 크게 벌어서 갚겠다며 아버지에게 손을 내밀었다. 하지만 그 돈마저 금세 까먹고 말았다. 사람 구실 못하는 아들 때문에 속을 끓이던 아버지는 '제가 아무리 망나니라도 결혼을 하면 정신을 차리겠지' 싶어 짝을 맺어주었다. 그러나 결혼 후에도 아들의 방탕한 생활은 계속되었고, '아비가 되면 새사람이 되겠지' 싶어 아이를 낳게 했지만 문제는 커져만 갔다.

식구들은 아버지가 아들을 망쳐놨다고, 지금부터라도 도와주지 말고 저 혼자 헤쳐나가게 하라고 얘기하지만 이제 와서 나 몰라라 하면 아들이 폐인이 되거나 자살이라도 할까 봐 겁이 난 아버지는 악순환의 고리를 끊지 못하고 있다. 이처럼 부모의 과잉보호가 자식을 어떻게 망치는지를 보여주는 사례는 얼마든지 많다. 부모에게 기대서 살 수 없다는 것을 일찍부터 깨달은 자녀는 자기 인생은 자기 스스로 개척해나가야 한다는 생각이 확고한 반면, 부모의 과잉보호에 익숙한 자녀는 매사에 의존적인 성향을 갖게 될 확률이 높다.

독일의 교육학자 알베르트 분슈는 "과잉보호는 사회를 병들게 하는 마약"이라고 경고하고 있다. 미국의 커뮤니케이션 이론가인 폴 스톨츠도 자녀가 성공하기를 바란다면 자녀의 '역경 지수'를 높여주어야 한다고 주장한다. 역경 지수란 역경에 굴하지 않고 목표를 성취하는 능력을 일컫는 말인데, 모든 일에는 어려움이 따르며 그 어려움을 이겨내야 성공할 수 있음을 어릴 때부터 가르쳐야 한다는 얘기이다. 영국의 생물학자 찰스 다윈도 《종의 기원》에서 "결국 살아남는 종은 강인한 종도, 지적 능력이 뛰어난 종도 아닌, 역경에 가장 잘 적응하는 종"이라고 말했다.

요즘은 경제적 환경도 좋아지고 자녀의 수도 적다 보니 결핍을 모르고 자라는 아이들이 많다. 그런데 문제는 조그만 어려움도 이겨내지 못하고 쉽게 포기한 채 부모에게만 의존하는 자식들 또한 그에 비례해서 늘어나고 있다는 점이다. 경제적인 여유와 시간, 학력까지 다 갖췄지만 정신적으로 미성숙한 부모들이 한두 명의 자식에게 '올인'하면서 생긴 사회적 비극이다. 자식을 자기 영향력 밑에 두고 그것을 즐기는 듯한 부모의 태도가 자식의 생존 능력을 박탈하는 셈이다. 이런 환경에서 자란 사람들은 영원히 '애어른'일 뿐, 결코 성숙한 인간으로 성장할 수 없다.

부모가 대신 대가를 치르지 마라

자녀를 심리적·정서적으로, 나아가 경제적으로 독립된 성인으로 성장시키려면 자기 일은 사소한 것부터 스스로 결정하고 선택하며 그 결과에 책임을 지게 해야 한다. 쉬운 예로, 자녀가 학교에 지각할까 봐 아침마다 아이를 깨우는 일로 하루를 시작하는 부모가 있다면 이제 과감하게 내버려두어야 한다. 일기예보에 비가 온다고 했으니 우산을 가지고 가라고 해도 "비는 무슨 비야" 하고 짜증을 내면 더 이상 얘기할 필요가 없다. 자전거 도둑이 많으니 열쇠를 잘 채워놓으라고 얘기를 해도 "아빠는 이웃도 못 믿고 왜 그래" 하고 우기면 그 역시 그냥 내버려두는 것이 좋다.

이런 아이들은 지각을 해서 선생님에게 혼이 나고, 우산이 없어서 비를 쫄딱 맞아봐야 스스로 깨닫는 것이 있는 법이다. 자전거를 잃어버리고 나면 울고불고 떼를 쓰겠지만 눈길조차 주지 말아야 한다. 아이와 실랑이를 벌이면서도 기어이 아이를 깨워주고, 학교까지 우산을 가져다주고, 자전거를 또다시 사주면 아이는 스스로 알아서 일어나거나, 우산을 챙기거나, 자전거 관리에 신경 쓸 이유가 없다. 이런 사소한 것들을 스스로 알아서 하는 훈련을 시키지 않으면 자녀는 성장했을 때 몇 배나 심각한 문제들에 부닥치게 된다.

대학에 들어가더니 공부는 안 하고 매일 술자리에, MT에, 결국은 학사 경고를 두 번이나 받아 제적당할 정도가 되면 부모가 태평할 수만은 없게 된다. 또 취직을 못하거나 결혼할 생각을 안 하거나 혹은 직장도 없이 결혼부터 하겠다고 나설 때, 네 일이니 알아서 결정하고 책임도 네가 지라며 이성적으로 대하기는 정말 어렵다.

그렇기에 잘못된 결정으로 치러야 할 대가가 비교적 작을 때, 즉 어릴 때부터 자기 스스로 대가를 치러보는 쓰라린 경험을 하게 해야 한다. 책임감이란 자신의 선택과 결정을 통해 다양한 경험을 한 뒤에야 얻을 수 있는 복잡하고도 값진 기술이기 때문이다. 부모의 눈으로 보면 참으로 한심하고 그 결과가 뻔히 보이지만, 제 스스로 경험해보고 깨져도 보는 시행착오를 겪지 않고서는 터득할 수 없는 세상 이치도 있다. 그렇기 때문에 애정과 관심, 믿음과 인내를 가지고 자녀를 지켜보며 기다려주는 부모가 훌륭한 부모이다.

공부한다고 모든 의무를 면제해주지 마라

'바다의 왕은 해삼이고 육지의 왕은 고삼'이라는 우스갯소리가 있다. 자녀가 공부만 하면 모든 의무에서 면제해주고 고3쯤 되면 온 가족이 벌벌 떨면서 비위를 맞추는 우리나라의 교육 현실을 신랄하게 꼬집은 유머가 아닌가 싶다. 하지만 고3이 모든 일에 면책 특권을 가진 벼슬은 아니다. 부모 역시 오로지 일류대학에 목숨 걸고 자식 눈치나 보는 못난 짓은 당장 그만두어야 한다.

자식도 가족의 일원이고 고3이라도 당연히 가족의 한 사람으로서 마땅히 져야 할 의무가 있다. 앞에서 얘기한 가사 분담은 물론이거니와 자녀로서 부모에게 해야 할 도리는 나이나 학년과는 아무 상관이 없다. 특히 공부를 잘하거나 좋은 대학에 진학하는 것이 최종 목표가 아니라, 그것을 통해 자신에게 적합한 일을 찾고 행복한 가정을 꾸리는 것이 진정한 목표라는 점을 깨닫게 해주어야 한다.

요즘 아이들은 친척이 집을 방문해도 공부한다고 얼굴 한번 내밀지 않는 것이 다반사이다. 할아버지가 병원에 입원했는데 문병 한번 안 가도 부모가 나서서 "다음 주에 기말고사가 있어서요"라며 변명을 대신해준다. 하지만 가족의 역할은 공부를 마친 뒤에 천천히 배울 수 있는 것이 아니다. 공부 또한 가족애와 안정감 속에서 더욱 효율이 높아지는 법이다. 현재 가족의 가장 긴급한 과제가 자녀의 공부라고 할지라도 가족과 함께 마음을 나누고 공감대를 형성하는 법부터 반드시 배우게 해야 한다.

부모 자식 간에도 홀로 서기 훈련이 필요하다

아직은 나이가 젊어 사양을 하는데도 불구하고 내 일의 성격상 주례 부탁이 많이 들어오는 편이다. 오래전 방송 프로그램을 위해 재혼 부부의 주례를 맡은 적이 있는데, 얼마 전에는 그 부부의 큰딸 결혼식 주례를 서는 특별한 인연이 있었다. 이날 주례사에도 나는 평소 강조하던 내용을 잊지 않고 담았다. 그것은 신랑, 신부가 아니라 양가 부모님께 드리는 부탁의 말씀이었다. 지금까지는 소중한 내 아들이고 내 딸이었지만 이제부터는 누군가의 남편이자 사위이고 또 누군가의 아내이자 며느리이니 '이제는 남이다'라고 생각하며 사시라는 것이었다.

부모들은 이런 이야기를 들으면 "결혼을 했다고 자식이 남이 되는 것이냐"며 반론을 편다. 하지만 생각만이라도 '남'이라고 다짐을 해야 자식을 떠나보낼 수 있기에 하는 말이다. 결혼한 후에도 부모로부터 독립하지 못하는 자식과 결혼을 시키고도 자식을 떠나보내지 못하는 부모가 만들어내는 불행을 너무나 많이 보아온 까닭이다.

새가 새끼들에게 먹이를 물어다 주고 나는 연습을 시키는 것을 보면 참으로 감동스럽다. 그런데 새가 새끼들을 키우고 날갯짓을 시키는 이유는 단 하나, 이 새끼들을 떠나보내기 위해서라는 사실을 알게 되면 전혀 다른 감동으로 가슴 한쪽이 아릿해져오는 것을 느낀다. 부모가 자식을 키우는 것도 다르지 않다. 자식을 건강하게 키우고 가르치는 것 역시 자식을 잘 떠나보내기 위해서이다. 자식이 부모로부터 잘 떨어져야 부모도, 자식도 행복하다.

얼마나 많은 가족 문제가 부모와 자식이 제대로 분리되지 못해서 발생하고 있는지를 생각해보면 쉽게 이해가 갈 것이다. 부모는 기꺼이 자식을 돌보며 도와주고, 자식은 부모에게 진심으로 감사드리는 아름다운 관계라면 나무랄 이유가 없다. 하지만 대책 없이 손 벌리고 기대거나 요구하는 자식과, 줄 게 없는데도 어쩔 수 없이 자기가 가진 것을 다 내주고는 "내가 너를 어떻게 키웠는데" 하면서 후회하고 채권자처럼 행동하는 부모는 더 이상 건강한 가족 관계가 아니다.

두 다리 뻗고 이제 좀 편히 쉬면서 여생을 즐기려고 했는데 손자, 손녀 봐주느라고 몰라보게 늙어버린 부모들을 자주 본다. 자식도 부모에게 걸림돌이 안 되고 부모 역시 자식에게 짐이 안 되는 건강한 관계가 먼저 정립되지 않으면 모두가 행복해질 수 없다. 부모 자식 관계를 갈라놓으려는 생각이 아니라 이제 '각자 잘 살기'부터 배우고 실천하기 바란다.

그러기 위해서는 자녀가 어릴 때부터 떠나보내는 연습을 해야 한다. 아이에게 맨 처음 밥을 먹이기 전에 이유식을 먹이듯이, 자녀 역시 잘 떠나보내기 위해서는 일찍부터 심리적인 이유를 단계적으로 거쳐야 한다. 아이를 두고 출근하거나 어린이집에 데려다 주고 '바이바이' 하면서, 초등학교에 입학시키고 캠프나 수학여행 그리고 MT를 보내면서 기회가 있을 때마다 서로 이별을 연습해야 한다. 어학연수나 군대를 보내면서 부모와 자식 모두 홀로 서는 훈련을 해야 한다.

 이와 병행하여 부모에게 거는 자식의 기대치를 어릴 적부터 낮추는 일도 게을리해서는 안 된다. 자녀가 부모로부터 독립하는 시기를 서로 상의하여 미리 정하는 것이 좋다. 가정 형편에 따라, 고등학교나 대학 졸업 후, 취직할 때, 결혼 등으로 합의하고 결혼이 늦어지는 경우엔 언제 독립해 나가서 살 것인지 정해두는 것도 방법이다. 결혼할 때 어느 정도 이상의 지원은 곤란하다거나, 물려줄 유산이 없다거나, 유산을 물려줄 의향도 전혀 없음을 어릴 때부터 반복해서 주지시킬 필요가 있다. "재산을 자식에게 다 물려주면 굶어 죽고, 반만 주면 조르는 통에 죽고, 하나도 안 주면 맞아 죽는다"는 끔찍한 유머가 나돌고 있지만, 재산을 물려주지 않는다는 이유 하나만으로 연락을 끊는 자식이라면 의절할 각오를 하는 것이 좋다.

가족문제 예방센터
home21 가정경영연구소
(www.home21.co.kr)

이제 가정도 경영입니다.
2000년 1월 1일 출범한 가정경영연구소는
교육과 상담, 코칭을 통해 가족 문제를 예방하는 가족문제 예방센터입니다.
'경영' 하면 주로 기업경영을 떠올리지만 이제는 병원경영, 학교경영,
국가경영 등 모든 분야에서 경영 마인드를 강조하고 있습니다.
기업의 생산성과 경쟁력을 확보하기 위해서는 조직원의 가정이 행복하고
가족이 화목해야 한다는 CEO들의 공감대가 확산되고 있습니다.
가족문제를 미리 예방하여 행복한 가정을 이 땅에 뿌리내리는 것이
저희 연구소의 목표입니다.
'가정경영아카데미'를 비롯하여 각종 특강, 워크숍, 부부와 가족을 위한
상담과 코칭을 통해 여러분의 고민을 해결해드리겠습니다.

문의 전화 : 02-733-3747 E-mail: home21@home21.co.kr
서울 종로구 신문로1가 163 광화문 오피시아 1418호